心若幽兰
品如秀竹

杨绛传

朱幽 ◎ 著

SPM
南方传媒 广东人民出版社

·广州·

图书在版编目（CIP）数据

心若幽兰，品如秀竹：杨绛传 / 朱幽著. —广州：广东人民出版社，2022.8
ISBN 978-7-218-15830-3

Ⅰ.①心… Ⅱ.①朱… Ⅲ.①杨绛（1911—2016）—传记 Ⅳ.①K825.6

中国版本图书馆CIP数据核字（2022）第104815号

XIN RUO YOULAN PIN RU XIUZHU YANGJIANG ZHUAN

心若幽兰，品如秀竹：杨绛传

朱幽 著

出 版 人：肖风华

责任编辑：寇　毅
责任技编：吴彦斌
封面设计：李明君
内文设计：奔流文化

出版发行　广东人民出版社
地　　址：广州市越秀区大沙头四马路10号（邮政编码：510199）
电　　话：（020）85716809（总编室）
传　　真：（020）83289585
网　　址：http://www.gdpph.com
印　　刷：广州佳达彩印有限公司
开　　本：889毫米×1194毫米　1/32
印　　张：7.5　字　数：162千字
版　　次：2022年8月第1版
印　　次：2022年8月第1次印刷
定　　价：49.80元

如发现印装质量问题，影响阅读，请与出版社（020-87712513）联系调换。
售书热线：020-87717307

序

xu

　　她是一个时代的代表，她的一生是一个时代的缩影。

　　当我阅读杨绛先生的作品时，我的内心是澎湃的。这种澎湃是自发的，是不可抑制的，是感动的，亦是羡慕的。

　　前两点很好理解。自发和不可抑制是由于我内心对杨绛先生的崇敬，她的人格魅力使我产生某种自发的、不可抑制的情感。感动是有原因的。她对生活的热情让我感动，她在面对逆境时不卑不亢并且还能保持积极乐观的心态让我感动，她对家人的爱、对工作和理想的爱、对民族和祖国的爱让我感动。羡慕也是有原因的。我羡慕她能够拥有一份真挚的情感，能够在花样的年华里找到与自己携手一生的人生伴侣；我羡慕她无论在何时何地，无论遇到多大的困难险阻，背后总有一个默默支持她的人。当然，当对方身处困境的时候，她也会不顾一切地支持他、照顾他。

杨绛生活的年代于我们渐渐远去。时至今日，我们或许永远也无法想象，在那个大背景下的爱情和理想有多么脆弱。击垮一个人的因素太多了：战争、贫困、饥饿、疾病、冷漠、批判……这些，她都曾亲身经历过，每一次，她总能微笑着撑过来，她从来不向困难和命运低头，也从来不向恶势力低头。这就是她身上的特质吧。这种特质与她的家庭有关，与她的心境有关，也与钱钟书有关。拥有某种特质的人更容易遭受命运的磨难，也更容易受到上天的眷顾。

我希望我可以还原一个真实的杨绛，不仅还原她的生活、她的爱情、她的工作和她的理想，更要还原她的言行举止背后所蕴含的人生哲学。当然，我的理解也许是片面的、是不完整的，但我希望以我浅显的见解能够让大家看到一个褪去光环后的普通女人身上的独特气质和底蕴。

当你打开这本书的时候，我希望你会喜欢我笔下的杨绛，喜欢她身上的特质，以及容忍我叙述上的残缺。

朱幽

2016冬 于浙江杭州

目 录

心若幽兰
品如秀竹
杨绛传

一、青葱：

杨家有女初长成

心若幽兰 品如秀竹
杨绛传

寒素人家

杨绛，原名杨季康，是现当代中国著名的文学家、剧作家与翻译家，祖籍江苏无锡。她深受江南文化的熏陶，似乎与生俱来就有一种江南水乡气质：含蓄细腻、典雅脱俗，又不失豪迈的情怀与坚定的信念。

1911年7月17日，杨绛出生于北京。杨家世代书香，先祖大多是读书人，抑或是清正廉洁的地方官员，用她自己的话说，就是"寒素人家"。

杨绛的父亲杨荫杭出生于1878年（清光绪四年），是一位翻译家，曾翻译了卢梭的《民约论》、孟德斯鸠的《万法精理》、穆勒的《自由原论》等名著，也出版了《美国独立史》《近世政治史》《近世外交史》等具有资产阶级色彩的著作。他出生于清朝末尾的年代，见证了中国封建制度的腐败和西方资本主义帝国的侵略，他通过自己的译作宣扬民主革命，反对封建主义。

杨荫杭的父亲和祖父对他的要求非常严格，他的成绩一直都是名列前茅。1895年，他考入北洋公学；1897年，他又考入南洋公学；1899年，他被公费送至日本早稻田大学留学。据说杨荫杭是因被北洋公学开除而考到南洋公学的。当时北洋公学的有些学生对食堂的伙食很不满，于是就组织起来抗议。学校的领导对此非常不满，因此带头闹风潮的一个同学当场就被开除了。其他参与抗议的同学都低着头，默不作声。杨荫杭虽然没有参加，但见不惯他们这种敢做不敢认的行径，最后头脑一热，竟然站了出来。结果可想而知，他也被退学了。

年少时的杨荫杭心中便充满了热血，这也正是他一生的基调。

当然，他也不乏风趣幽默的一面。在早稻田读书的时候，有个舍监偷了他们的皮蛋，由于第一次品尝，适应不了这种怪味；还有一个当地的女同学偷了他们刷牙用的牙粉，抹在脸上当粉底。杨荫杭用十六个字来归纳这事：偷皮蛋舍监尝异味，搽牙粉丑婢卖风流。

他到日本的第二年便与同在日本的中国留学生组建了励志会；同年，他与同是励志会成员的杨廷栋和雷奋等人创办了《译书汇编》。这本期刊是近代中国最早的法政刊物，它的办刊宗旨是：务播文明思想于国民。他翻译的欧洲资本主义启蒙著作都是通过这本期刊发表的，用他自己的话说，就是"与其写空洞无物的文章，不如翻译些外国有价值的作品"。

在励志会里一直存在着两派：一派是激进派，一派是保守派。激进派主张革命，而保守派主张和平，这两个派系的争吵从未停歇。按照杨荫杭的性格，他一定是激进派的一员。当时他们班上有个同学由于是学监的女婿而被转送到美国留学，杨荫杭给室友出主意，让他也申请出国，申请理由很简单：室友时常宣扬革命。他的室友是保守派成员，可能早就受不了他了吧。

1901年暑假，杨荫杭回到了无锡。当即他就组织了不少知识青年，成立了励志学会。他还打着竢实学堂的名号讲学，向励志学会的四十余名会员宣扬"排满革命"。这个学会也就成为江苏地区最早的革命组织。

1902年，杨荫杭毕业于日本早稻田大学。回到祖国后，他的第一份工作就是在北京的译书馆担任翻译员，他的代表作《名学教科书》就是在当时编译的。不幸的是，次年，译书馆就因经费支出困难被迫关门了，他也就回到了无锡老家。之后，他与一起在日本留学的蔡文森、顾树屏创建了"理化研究会"，顾名思义就是研究物理和化学，不过他们还主张学习英语。为此，杨荫杭还经常看书到深夜。与此同时，他还为《时事新报》《大陆月刊》《苏报》等报刊撰稿，并在中国公学、澄衷学校、务本女校等学校讲课。

他痛恨中国传统封建制度，还公然拒绝在先祖祠堂里磕头。由于其一系列的革命言论以及看似对先祖的不敬之举，他遭到了乡绅父老的鄙夷。后来清朝政府对他进行了通缉。

无奈之下，在1906年，他再次赴日本留学，考入早稻田大学的研究科，主修法律。第二年七月毕业，获得法学学士学位。随后，他又去了美国。后来，他考入美国的宾夕法尼亚大学，并在那里取得了法学硕士学位，他的论文《日本商法》（Commercial Code of Japan）还被宾夕法尼亚大学法学丛书收录了。

杨绛回忆说，她原本对这件事情毫不知情，还是钱钟书告诉她的。钱钟书在杨荫杭的书柜上看到一本红色书皮的书，才得知这是杨荫杭的硕士论文。杨绛知道这件事后，还专门委托远在宾夕法尼亚大学的朋友查找这本书。几番搜寻之后，终于在图书馆找到了这本书，杨荫杭的文章果然被收录其中。

杨荫杭于1910年回国。经这四年的国外游历，从日本到美国，他的视野更加开阔了，他不再拘泥于书本，不再那么偏激，他开始向往西方国家的"民主法治"和"立宪制度"。

回国后，他一直在法政学校任教，可是当时薪水太低，难以维持一大家子的生计。就在辛亥革命爆发的前一天，他辞职了，回到了无锡老家。

之后，辛亥革命爆发了。

杨绛的母亲名叫唐须嫈，她与杨荫杭同岁，也是江苏无锡人。二人订婚时，双方都只有十二岁。

唐须嫈出生于富贾之家，从小家人便请了老师教她读书识字。闲暇时，她会看一些小说，除了《缀白裘》，她还喜欢看《聊斋志异》等志怪志异类小说。时而，她也会点评一下作者，每每都有独到的见解。据杨绛回忆，母亲曾看着绿漪的《绿天》对她说过这样一句话：这个人也学着苏梅的调儿。

唐须嫈是一个大家闺秀，懂得女红，也会裁缝。后来，杨荫杭买了一台缝纫机回来，她就弄了一些布，很快就做了一套衣服出来。

她还是一个典型的中国传统妇女，内敛持家，视丈夫为天，视儿女为宝。

唐须嫈嫁入杨家后每晚临睡前都会把一天的花销记录下来，以备以后核实。可时不时总有那么几笔账唐须嫈怎么也想不起来花在了哪里。于是，杨荫杭便拿起笔在后面写了"糊涂账"三个字，还叮嘱她不要为了这些小账目而费神。即便如此，每月她都会准时准数地把家用寄回无锡老家，从来没有错过一次。

杨绛父母的关系一直很好，杨绛在《回忆我的父亲》中写过这样一句话：

我父母好像老朋友，我们子女从小到大，没听到他们吵过一次架。

杨绛时常感叹，自己对丈夫已经很好了，但是论及父母，自己还是远远不如的。

在传统社会里，妇女的地位极低，在家中更是人微言轻，无论遇到什么事情都只能委曲求全。然而，唐须嫈却从不把话咽到肚子里。她虽然深居简出，极少抛头露面，但是面对她的丈夫，她还是能够侃侃而谈的。更多时候，他们像是朋友，时不时会来一场"促膝长谈"。他们从自己聊到了别人，从同学聊到了亲属，时而开心，时而愤慨……

正是因为有一位刚正不阿、深明大义的父亲和一位含蓄委婉、腹有诗书的母亲，杨绛才有了思想上的独立。

京城江南

（一）

如果说每一个生命的降临都是一份惊喜，那么这份惊喜必定是独一无二的。

杨绛出生于北京的一座四合院里。仆人得知杨绛是个女孩后神情有些失望，可是杨绛的父亲却不以为然。他没有男尊女卑的思想，也没有因为杨绛是他的第四个女儿而失落，他反而觉得这是上天的恩赐。杨绛有三位姐姐，名为杨寿康、杨同康、杨闰康，因为排行老四，父亲给她起名为杨季康，唤作阿季。

杨绛是杨荫杭结束了长达四年之久的海外生活后的第一个女儿，对她自然更是关怀备至。在八个子女当中，也只有杨绛最受父亲疼爱。每当襁褓中的杨绛哭闹时，父亲总是把她抱在怀里，哼着小曲直到她入睡。因为她体形娇小，父亲还经常开玩笑说："猫以矮脚短身者为良。"

杨绛出生那一年正值辛亥革命爆发，中国发生了翻天覆地的变化：长达两千多年的封建王朝制度正式宣告瓦解。一头雄伟的东方巨狮，在经历了漫长的沉睡后，终于缓缓睁开了双目。杨绛正是在这样社会动荡、局势混沌的年代降生了。

杨绛出生后不到三个月，父亲便以照看祖母为由辞官回乡，实则是为了避难，举家迁往上海。次年，杨荫杭在上海的一家律师事务所就职。同年，杨绛的弟弟降生了。因为家居上海宝昌路，则取名杨宝昌。

后来，杨荫杭在张謇的推荐下出任江苏省高等审判厅厅长，举家迁往苏州。民国初年，因着"本省人不宜在本省任职"，于是杨荫杭又调到浙江省，任高等审判厅厅长，定居杭州。这一年，杨绛有了她的第二个弟弟杨宝俶。

由于杨荫杭宁折不屈的性格和铁面无私的处事态度，当时的省长屈映光对他多有不满。为此，屈映光还在袁世凯面前摆了他一道。所幸的是，此人的奸计并没有得逞。杨荫杭的同窗好友张一麐在袁世凯身边担任机要秘书一职，他得知此事后，为杨荫杭说了不少好话。袁世凯这才没有降罪于杨荫杭，只是回复了四个字：此是好人。

此后不久，杨荫杭又调回了北京。杨绛也跟着父母再次回到了北京。她的记忆也由此开始。

在杨绛的记忆中，这是她第一次看到满族人，而且一眼就被那些满族服饰吸引住了。最让她感到好奇的是妇女们所穿的旗鞋，俗称"花盆底"鞋。这种鞋的底极高，多为白色，一般为十厘米左右，最高的可以超过二十厘米。一般女子到了豆蔻之年方能穿此鞋，穿上此鞋后身材会显得格外修长，走起路来尤为婀娜。杨绛对此神往不已。

然而，好景不长，一场猝不及防的风波结束了杨家原本安定的生活。1917年5月，时任交通总长的许世英因为涉嫌受贿被检察长杨荫杭扣押了一个晚上。那一夜注定是个不眠的夜晚。据杨绛回忆，"那一夜的电话没有停"。这些电话几乎都是上级打来的，有不少高级官员都致电求情，希望杨荫杭可以网开一面。可杨荫杭并不理会这些，还不准保释许世英。果不出所料，第二天，杨荫杭就被"停职审查"了。最终，因为缺乏证据，许世英并没有被定罪，反而是杨荫杭被追究起责任。

杨绛回忆起当时的情景：

家里的马车忽然没有了，两匹马都没有了，大马夫、小马夫也走了。这一切都是停职造成的。当时家中所有开支都依靠杨荫杭的薪资，如此一来，家中的生活便变得拮据起来。

所幸的是，没过多久，杨荫杭就复职了。不过，他并没有因此而心生余悸，反而坚持自己的处事风格。可想而知，他一定得罪了不少人。

杨绛五岁的时候，父亲把她送入北京女高师附小念书，当时她的三姑母杨荫榆正是女高师的学监。对于杨荫榆的印象，她在《回忆我的姑母》中这样写道：

我还是她所喜欢的孩子呢。我记得有一次我们小学生正在饭堂吃饭，她带了几位来宾进饭堂参观。顿时全饭堂肃然，大家都专心吃饭。我背门而坐，饭碗前面掉了好些米粒儿。三姑母走过，附耳说了我一句，我赶紧把米粒儿拣在嘴里吃了。后来我在家听见三姑母和我父亲形容我们那一群小女孩儿，背后看去都和我相像，一个白脖子，两橛小短辫儿；她们看见我拣吃了米粒儿，一个个都把桌上掉的米粒儿拣来吃了。她讲的时候笑出了细酒窝儿，好像对我们那一群小学生都很喜欢似的。

　　年幼的杨绛生性开朗、聪明伶俐，女高师的学生们都很喜欢她。闲暇的时候，她们会把她带去大学部玩，偶尔也会陪她打秋千。杨绛的心里除了喜悦之外，也有一丝害怕。在一次恳谈会中，她们还请了杨绛扮演"花神"，浑身上下都粘满了金花。运动会的时候，她们也会叫上杨绛，跟大家一起表演。

　　后来想来，这些都是因为三姑母的缘故。在同龄人当中，必定不乏与杨绛一样讨人喜欢的孩子，但是，也唯有杨绛能够得到这样的机会。

　　当时，杨绛的父亲身兼数职，公务繁忙，母亲又要照顾刚出生的七妹杨棨，无暇分身。正是因为有三姑母的保护，她的童年才不至于太过孤单。

　　然而祸不单行，杨绛的二姐杨同康也在1917年出事了。当时杨同康和大姐杨寿康正在上海的启明女校念书，并没有和杨绛一同前往北京。杨同康在学校不慎感染了风寒，住进了上海广慈医院。当母亲赶到时，她已经病入膏肓、药石无灵了。

　　这件事在杨绛心中成了一个永远无法解开的心结。在三个姐姐当中，杨绛与二姐最为投缘，可是谁也想不到，两年前的一场离别竟成了永别。

　　杨荫杭的性格注定了他的仕途不会一帆风顺，至此，他也有些意兴阑珊了。1919年秋，他递交了辞职申请，没等照准便举家南下了。

（二）

有一天，杨绛在一排山桃树下捡桃核，三姐突然走过来对她说："别捡了，咱们要回南了。""回南"就是要南下了。杨绛当时并不能完全领会其中的含义，还在担心自己的桃核和泥刻子是不是能够全部带上。可三姐却说，母亲行李限得很严，挑几个好的桃核带上就可以了；至于泥刻子，南方没有黄土，带了也没用。

她想起了几天前，平时甚少出门的母亲特地游了一遍香山和颐和园，买了不少名贵的药材和精美的礼品；父亲则一直在整理那些植物标本。他向来对花花草草很感兴趣，停职期间他曾经在百花山待了一个星期，采集了不少标本。他将标本整理好后，注明植物的名字，还在一旁写上拉丁文。这些标本也跟着杨绛从京城迁往江南，只是后来转手给一所中学当作教材了。

最让杨绛感到遗憾的一件事是，她没能亲口向同学们道别。

来火车站送行的人非常多，几乎超出了想象。杨绛第一次觉得，原来父亲是一个如此受人爱戴的人，她深深地为父亲感到骄傲。众人不舍杨荫杭离别，直到火车快要启程了，他才挤进车厢。

一阵笛声过后，载着众人的期盼，杨绛一家人踏上了"回南"的旅程。

到达江苏无锡后，杨绛一家八口人就住在沙巷的一栋房子里。杨绛的父母因为不想回老家去住，所以预付这里的房租。虽然大家对房子并不是特别满意，可一时间也很难找到更合适的了，只好暂且住下。

然而，在那个时局动荡的年代，即便没有战火，任何一件小事都足以破坏眼前的平静。不久，杨绛的父亲就病倒了。

有传言说以往住在这栋房子里的人都得了伤寒，只是大家当时并没有在意。后来，除了杨绛，大家都病倒了，这多半是河水的缘故。其他人在经过简单的治疗之后都有所好转，只有杨荫杭一病不起。

杨荫杭留过洋，他深受西方思想的熏陶，认为西医的作用大于中医，因此，他只愿意接受西医的治疗。可是，当时整个无锡市只有一位西医，还是个外国人，而且无锡的医疗条件也不好，医生需要将待验样品送往上海医院化验。如此一来，从无锡到上海，一来一回，再加上化验的时间，起码就要一个星期了。然而，医生化验了两次也没有查出病因。因为耽搁太久，杨荫杭的身体越来越虚弱了，有时候还会说一些胡话。

一天晚上——也是杨荫杭病情最为危急的那个晚上，家中灯火通明，客堂里挤满了人。年少的杨绛似乎也察觉到了一些异样，她回忆说：

许多亲友来来往往。我母亲流着泪求那位名医开处方，他摇头断然拒绝。

要知道，如果医生不肯为病人开处方，那就说明这个病人已经病入膏肓了，即便吃再多的药、打再多的针都已经无济于事了。所有亲朋好友都来了，大家都摇头感叹：这一大家子都指望着他的薪资，他要是真走了，家里的顶梁柱就要塌了。

即便如此，杨绛的母亲唐须嫈都没有想过放弃，她深信自己的丈夫一定会好起来的。于是，她求了杨荫杭的老友华实甫——一位有名的中医，希望他能够为自己的丈夫治病。事到如今也只能"死马当活马医"了，华实甫把了一下脉，确诊是得了伤寒。杨荫杭在服用华实甫开的药后，病情终于有了好转。

唐须嫈一直视华实甫为救命恩人，而那位外国医生却认为杨荫杭的身体底子好，是自身的抵抗力战胜了疾病。但是，在杨绛眼里，无论是中医还是西医，最大的功劳在于她的母亲。杨荫杭永远不会知道，唐须嫈把自己珍爱的珍珠项链磨成了粉来给他服用以提高药效。

在杨绛看来，这就是爱。人世间，那些越是伟大的爱情，往往越是朴实无华，因为它无须纹饰，只要付出的那个人知道，自己是爱着对方的，而对方也一定同样爱着自己，这就够了。至于第三者，随便别人怎么去想吧。

杨绛一直把这件事情珍藏在心底，它成了一个美丽的秘密。

一场大病耗光了家里所有的财物，而杨荫杭虽有好转但还是不能下床，幸好得陈光甫和杨廷栋相助，杨绛一家人才挺过了难关。后来，杨绛回想起这件事时说，幸好父亲有了好转，否则以当时的情况，自己怕是念不成书了，也许会做个小学教员，抑或是车间女工。她连后路都给自己想好了：无锡的工厂倒是不少，进了工厂也不至于饿死。

沙巷附近有一座大王庙，原先是供奉某位大王的，后来改成了小学，就叫"大王庙小学"。之后，杨绛和两个弟弟便在这所小学里念书。

这所小学规模很小而且破旧不堪，全校只有两位老师，其中一位还是校长。整所小学就只有一间教室，就算分了不同的年级，大家还是在同一个地方上课。

校长从不打学生，但是另一位姓孙的老师却经常打学生，几乎所有的学生都被他教训过，唯独杨绛和她的弟弟没有受过罚。也许是因为他们的父亲曾经做过官，也许是因为他们是从京城来的，至于究竟是什么原因，那就无人知晓了。

对于这位孙老师，杨绛已经没有什么印象了，也忘却了他的名字，只记得大家戏称他为"孙光头"，有同学还把他的头像画在厕所的墙壁上。孙老师说话带有口音，而且解读的课文也不全对。课文上写道："子曰：父母之年，不可不知也……"他却把"子曰"解释为"儿子说"。

在大王庙小学的这段生活经历是杨绛童年中不可或缺的部分。此后，她还经常提起：

我在大王庙上学不过半个学期，可是留下的印象却分外生动。直到今天，有时候我还会感到自己仿佛在大王庙里。

年少时光

（一）

童年是每个人心中的一段不可磨灭的记忆，或欣喜，或感伤。回忆童年如同翻开一本尘封的旧书，即便平静如水，但只要微风吹过，也会在心里荡起涟漪。

童年的印象中，父亲永远是那么高大，母亲永远是那么慈爱，然而我们终将会以一种特殊的方式挣脱他们的怀抱，或自愿，或被迫。生活教会了我们如何自立，如何思考，以及如何面对困难和抉择。

两次南下，杨绛虽然未足九岁，但她已经经历了生死离别，这让她更加懂得珍惜眼下的时光和眼前的人。

二月，新年的钟声似乎还在耳畔回响，辞旧迎新的喧闹气氛似乎还没有落幕，但是二月注定是一个分别的月份。贺知章的《咏柳》有言：二月春风似剪刀。这一方面说的是春风的寒意，而更重要的是，春风像一把剪刀，剪断离人的不舍之情，催促着行人离去。

杨荫杭是受过西方教育的高才生，他深知知识对一个人的重要性，所以，他希望杨绛可以去启明女校上学。当时杨绛的大姐在启明女校当教员，三姐也准备去启明上学，如果杨绛也去，正好相互之间有个照应。可唐须嫈却一直放心不下。杨绛从小到大一直跟在父母的身边，从未离开过他们，作为一个母亲，很难想象有一天自己的孩子要离开自己、远走他乡。但当她看到杨绛对启明女校是如此向往的时候，她开始妥协了，她把决定权交给杨绛自己。

杨绛回忆起当时的情况：

妈妈特地为我找出一只小箱子。晚饭后，妈妈说："阿季，你的箱子有了，来拿。"无锡人家那个年代还没有电灯，都是点洋油灯。妈妈叫我去领箱子的房间里，连洋油灯也没有，只有旁边屋间透过来的一星亮光。

妈妈再次问我："你打定主意了？"

我说："打定了。"

"你是愿意去？"

"嗯，我愿意去。"

杨绛虽然嘴上这么回答着，但是眼泪却不由自主地流了下来，幸好借着黑夜的掩护才没让母亲发现。同样是上学，这可不像是去大王庙，这一去怕是半年见不上面了，只能等放了暑假才能回来。

临行前，母亲给她一枚崭新的银元。与以往母亲给的零花钱不同，这枚银元有更深的含义。抛除数目不说，它还承载着母亲对自己的思念。杨绛一直没有使用这枚银元，她把它和大姐送的细麻纱手绢一起放进贴身的口袋里，使其常伴身旁。直至夏日将近，天气转暖，她才把银元交由大姐代为保管。

上海启明女校是一座"洋学堂"，相比大王庙小学，这里简直是气派非凡，光是一间英文教室就顶得上整座大王庙小学。走廊直通花园，旁边的教室有十数间之多。

这里的一切对于杨绛来说都十分新奇。譬如，学生们称修女为"姆姆"，有学生朝修女喊道"望望姆姆"，意思是"你好，姆姆"；学生们饭后在花园里散步叫作"散心"；常日里，大家在吃饭的时候是不允许说话的，佳节时分，大家可以一边闲聊一边吃饭，这叫"散心吃饭"。

每逢月初，学校都会放一天假，住在学校附近的同学都可以回家与父母团聚，这叫"月头礼拜"。每到周末，姆姆会带着大家去郊游。当时还有个非常特别的叫法，叫"跑路"。

杨绛很快适应了新学校的生活，偶尔也会耍一些小聪明。

有位教格致课的姆姆之前也教过杨绛的二姐，每次见到杨绛时，她都叫杨绛为"同康"。因为二姐不幸离世，所以家里人就把这个名字连同对她的思念之情一并深藏在心底，谁也不愿意触及，以免伤感。然而杨绛却不以为然，她欣然接受这个称呼，或许她是想以此来纪念二姐。

几个月过后，杨荫杭受邀出任上海申报馆的主笔，大家同在上海，见面的机会也就多了。一天，大姐找到了杨绛，说是带她和三姐去申报馆看父亲。临行前，大姐还特意帮杨绛理了理衣服。

杨绛的心里高兴极了，一是因为可以见到父亲，二是自己终于可以走出校门了。这几个月来，她看着同学们回家与家人相聚，自己却只能待在学校里，她总期盼着自己有一天也能见到父母。

病愈后的杨荫杭虽然清瘦不少，但精神却很好，见到杨绛后便要请她们吃大餐。

"吃大餐"在当时是有特别意思的。如果领导要请你吃大餐，那就意味着你马上就要接受处分了。父亲所说的"吃大餐"自然不是这个意思。

杨绛既兴奋又紧张。在此之前，她从来没有去餐厅吃过大餐，她甚至还不能熟练地使用刀叉。就餐的时候，她把所有的注意力都放在手中的刀叉上了，全然不知食物的味道。餐后，父亲问她最喜欢吃哪道菜，杨绛却回答说，除了冰淇淋，其他的都忘了是什么味道了。

暑假过后，由于工作的关系，杨荫杭把家迁到了上海，杨绛终于可以和母亲相聚了。

有一次，杨荫杭带着杨绛三姐妹去拜访朋友。一进门就有一种富贵气息扑面而来：宽广的草坪、高大挺拔的大树、优雅精致的洋房……友人家的陈设可以说是富丽堂皇，让人看得目瞪口呆，以至于回家后大家还在讨论这件事。杨荫杭听到后却说：生活程度（现在所谓"生活水平"）不能太高的。他觉得生活不应该过于奢靡，一个人的追求不应该只停留在物质层面上。他不喜欢给孩子们留下家产，他认为家产不仅束缚了自己，也束缚了孩子。所以，他早就说过这样一句话：我的子女没有遗产，我只教育他们能够自立。

除了在申报馆当主笔，杨荫杭在空闲的时候也担任律师。后来回忆起来，他承认当时说话有些偏激：他认为最理想的职业只有两种——律师和医生。他无缘当医生，所以只能当律师了。

1922年，杨绛有了一个小妹妹——杨必。

（二）

杨绛在启明女校学习了三年半，虽然父母也在上海，但她还是寄宿在学校，每月只能与父母相见一回。

这些年里，杨荫杭清楚地感受到上海社会的复杂，以及面对强大的黑暗势力时自己的无可奈何。作为一名律师，他感到自己非常渺小。在上海，他实现不了自己的职业理想。于是，他决定回苏州，在苏州开一家律师事务所，继续他的律师事业。

然而开律师事务所需要办公场所。唐须嫈私下里算了一笔账，这些年来在住房上所花的租金都足够买一幢房子了。思来想去，最后，杨荫杭相中了一所明朝旧房，名曰"安徐堂"。房子已是破旧不堪，有不少房间还漏雨，过道幽长，光线昏暗。

杨荫杭拆了不少破旧的小屋，在后园种了许多树木。房子修修停停，总共花了两年的时间。当时杨绛已经转入振华女中读中学，寄宿学校，周末回家帮忙。

庭院的角落阴暗潮湿，经常会有鼻涕虫和蜘蛛出没。为了激发孩子们的积极性，杨荫杭想了一个办法：每抓到一只虫就可以得到一个铜板作为打赏。的确，这种方法很有效。可杨绛却觉得这种教育方式并不能鼓励孩子热爱劳动，反而会让人变得唯利是图。不过，唐须嫈总有自己的办法。一般，孩子们得到奖赏之后都会把赏钱交由母亲保管，时间一久，大家也记不得存放了多少钱了，甚至都忘记了自己曾经存放过钱。这很好理解，就像过年时孩子们得到的压岁钱也一样不知不觉地消失在记忆里。孩子们通常没有什么地方需要花大钱的，如果有，向父母要了便是。

对于金钱，杨绛一直没有过于强烈的追求。她回忆说：

假如我们对某一件东西非常艳美，父亲常常也只说一句话："世界上的好东西多着呢……"意思是：得你自己去争取。

然而杨绛并不这么认为。她不觉得为了某样东西或者某件事情要不顾一切地去争取，她反而会宽慰自己：

天下的好东西多着呢，你能样样都有吗？

杨绛从小便有如此豁达的心胸，在遇到抉择的时候能够坚持自己的意见，不改初衷，这都得益于父亲的言传身教。他让杨绛懂得了什么叫"有所为，有所不为"。

有一次，杨荫杭的一个朋友向他介绍了一个客户。对方想委托他作为代理律师，处理一桩财产纠纷案件。当杨荫杭得知当事人是让自己对付一个还在念中学的妹妹时，他大发雷霆，指责说："那么个又高又大的大男人，有脸说出这种话来！"一般律师遇到自己不想处理的案件大可推诿不受，但没有人会像杨荫杭一样指责当事人不应该打这场官司。最后，在他的主持下，当事人将财产分给了妹妹。

杨绛也有两三年是走读的，所以，她就有更多的时间来陪伴父母。在杨绛的记忆中，母亲永远忙个不停，家里那么多人、那么多事都由她管理。每天，母亲总有做不完的事，她唯一的爱好就是做做针线活儿或者读读小说。杨荫杭知道唐须嫈爱看小说，便买了本大字抄本八十回《石头记》放在她的床头。

平日里，杨绛与父亲相处的时间较多。父亲的书桌上经常放着许多用过的纸张，杨绛便捡来父亲不用的毛笔练字。早餐过后，她会为父亲泡一盏清茶，并且端上切好的水果。杨荫杭午睡的时候不喜欢听到噪声，但他却准许杨绛陪他，只是不能发出声音。

有一次，父亲问她："阿季，三天不让你看书，你怎么样？"

杨绛回答说："不好过。"

父亲又问："一星期不让你看书呢？"

杨绛不假思索地回答道："一星期都白活了。"

父亲点了点头，"我也这样。"

在杨绛心里，父亲已然成为自己的一个朋友。

终日与诗书为伴，年少的杨绛已是博览古今，她的文学素养在悄无声息间得到了巨大的提升。1927年，她在《振华女学校刊》里发表了两首诗：

斋居书怀

松风响飕飕，岑寂苦影独。

破闷读古书，胸襟何卓荦。

有时苦拘束，徘徊清涧曲。

俯视溪中鱼，相彼鸟饮啄。

豪谈仰高人，清兴动濠濮。

世人皆为利，扰扰如逐鹿。

安得傲此游，翛然自脱俗。

染丝泣杨朱，潸焉泪盈掬。

今日有所怀，书此愁万斛。

悯农诗

日出荷锄作，日暮归家中。

间立柴门外，叙话数老翁。

年年收成薄，无以度残冬。

苦耕了一世，何岁免饥穷。

鸟类一饮啄，较吾或犹丰。

今年复明年，嗷嗷皆哀鸿。

世事舟移壑，天道太不公。

在振华女中读书的这段时间里，北伐战争正打得火热。北伐胜利后，学生们经常组织活动，例如游行、宣讲、开群众大会等。此时的杨绛已是一个十六岁的年轻姑娘了。

有一次，学生会组织同学到街道上进行宣讲，杨绛被推选为代表。所谓宣讲，就是在街上放一条板凳，人站在板凳之上进行演讲。杨绛虽已是碧玉之年，但是她身形娇小，看起来还不到十四岁。当时大街上鱼龙混杂，倘若她上去宣讲，难保不会有人来欺负。而且，大家肯定不会认真听一个孩子讲话，或许还会被当成笑话。

之前有些同学被推选为代表后不愿意上街宣讲，便以"家里不赞许"为由推脱了。杨绛也想效仿这些同学。周末回家时，她便向父亲说起了这件事。没想到杨荫杭却一口回绝了，"你不肯，就别去，不用借爸爸来挡。"

杨绛说："不行啊，少数得服从多数呀。"

杨荫杭义正词严地说："该服从的就服从；你有理，也可以说。去不去在你。"

说完这句话后，杨荫杭见杨绛有些手足无措，便对她讲起了自己的一段往事。他任江苏省高等审判厅厅长时，张勋复辟，当时士绅们联名登报表示欢迎，他的下属擅自将他的名字也列入欢迎人名单之中。杨荫杭打心底里不喜欢张勋。当他在名单中看到自己的名字时有些愕然，随即，他便登报表明自己的态度。

有朋友指责他不通人情世故，心里不喜欢便不喜欢，又何必登报呢？但是了解他的人都知道，他是一个坚持自我、不改初衷的人。

说完这段旧事后，他又问杨绛："你知道林肯说的一句话吗？Dare to say no！你敢吗？"

后来，杨绛才明白父亲说这段话的含义。他是想告诉自己，在面对困难的时候不应该只想着如何逃避，而是要有自己的立场，用自己的方式解决困难。当时杨绛未经世事，只是赌气说了一个字——敢。

回到学校后，她便说："我不赞成，我不去。"这话传到了校长耳里，可想而知，杨绛受到了一顿训斥。她说的那句话也就成了"岂有此理"。后来有三位学姐去了宣讲会，还被官军请去吃饭。这在当时是一件有伤风雅的事情。自此，学生会便再没组织学生去宣讲。杨绛的话霎时间又成了"很有道理"。

说一个"不"字需要很大的勇气，拒绝忍受屈辱比忍受屈辱更需要勇气。父亲的一席话让杨绛明白了一个道理：拒绝并不代表懦弱，学会拒绝才能真正面对自己。这在杨绛今后的人生中起到了很大的作用。

求学之路

（一）

大学是一个美妙的地方，它是理想的殿堂。多数人的理想都是在大学里形成的，年少的时候对这个世界有太多的未知，经历过十年寒窗苦读，才逐渐形成了自己的人生观和价值观。很多事情也许在年少的时候看来是那么重要，仿佛只要一失去，生命就会终止，但是年岁渐长后也许会觉得那些事或者那些人似乎也无足轻重。

大学是改变命运的地方，特别是在那个百废待兴的年代。

1928年7月，杨绛从振华女中毕业，准备考取大学。当时，她特别希望可以进入清华大学学习，可遗憾的是，清华大学虽然开始接收女学生，但不在上海招生。就这样，杨绛与自己梦寐以求的殿堂学府失之交臂了。后来回想起这件事，她的心里总有一些起伏，她想，也许中学的时候不跳级就能顺利进入清华大学了。最终，她以优异的成绩同时被南京金陵女子文理学院和苏州东吴大学录取。

在择校的问题上，亲朋好友都为她出谋划策。大家都觉得女子学校太过单一，男女同校反而更能开阔视野，提升学习氛围。这一点与她自己的想法不谋而合，所以，她选择了进入东吴大学学习。

当时的学校几乎都是男子学校或者女子学校，男子和女子皆收的学校并不多。东吴大学虽然也接收女子，但是人数并不多。所以，当杨绛进入东吴大学的时候，女子宿舍还在修建当中。她和同学们只好暂时住在一幢小洋楼里。

这幢房子原是一位美国教授的住所，后来改成了学生宿舍。小洋楼的周围种着许多常青藤，屋外到处被烈日照射着，空气中充满汗水的味道，屋内却非常幽静。学期伊始，杨绛就与四五个同学住在这里。

空闲的时候，杨绛也喜欢运动，她还参加了学校的女子排球队。第一场球赛的对手是邻校的球队。当时男生们都跑去围观，啦啦队一直在拍手、呼喊，场面好不热闹。随着双方的持续进攻，比赛陷入僵局，双方僵持不下，比分持平。这时，杨绛不知哪来的力气，球被她打在了对方的场地上，对方竟然没有人能接住那个球。就这样，杨绛为自己的球队赢得了关键的一分。随后，大家越战越勇，赢得了比赛。多少年之后，每当杨绛看到排球比赛，她总会想起当时在大学校园的那场比赛，并且兴奋地说："我也得过一分！"

读二年级的时候，学校要求分科，即从文科和理科中选择一个方向深造。杨绛的成绩一直很好，各科均衡，也正因为如此，没有自己的特长。杨绛一直生活在一个幸福的家庭里，即便两度辗转于南北之间，但是父母的关爱让她忘却一切烦恼。可是这一次是她人生中的一次重要抉择，她务必要谨慎。她思考着自己"该"学什么，这个"该"字并不是自己想如何便如何，而是什么有利于社会便做什么。老师们觉得以杨绛的成绩读理科是完全没有问题的，然而杨荫杭却认为没有什么该与不该的，喜欢最要紧，喜欢的就是兴之所至，就是与自己最相宜的。最后，杨绛还是遵从了自己内心的选择，决心学习文学。

当时东吴大学并没有开设文学专业，可供选择的只有法律预科和政治系。杨绛想选法律预科，她原本想着毕业之后可以给父亲当个助手，协助父亲处理官司。可是杨荫杭坚决不同意。多年混迹官场的杨荫杭对于人情世故有自己的理解。他扪心自问，对于某些事情自己尚不能妥善处理，更何况是自己的女儿呢。再者，他也不觉得杨绛能做好一个女律师。所以，杨绛无奈地选择了政治系。她对政治并不感兴趣，除了上课，大多情况下她都在图书馆里看书。她说：

我既不能当医生治病救人，又不配当政治家治国安民，我只能就自己性情所近的途径，尽我的一份力。

杨绛与同学们的关系很好，但是青春年少的她也有些羞涩，往往与男同学说不上半句话便会脸红。这与她的经历分不开，在此之前她就读的都是女校，很少与男同学接触。有同学还给她写了句诗"最是看君倚淑姊，鬓丝初乱颊初红"，这更让她显得害羞。诗中"淑姊"是指她的室友沈淑，亦是她的中学同学。大学二年级下学期的时候，杨绛与这位比她年长两岁的姐姐一同住进了一间小卧室里。她叫沈淑为淑姐。

沈淑待杨绛很好，她知道杨绛睡觉怕吵，所以每逢杨绛睡着的时候，她都格外注意。然而当时有一件事却让她摸不着头脑，杨绛回想起这件事也是百思不得其解。

当时学校里谣传有"仙"。"仙"拥有无比的神力，能够让某些不可能发生的事情发生。

一个夏日的夜晚，学校的礼堂里放映美国电影，很多同学都去看，杨绛和沈淑也去了，不过中途杨绛觉得有些没劲，便早早回宿舍睡觉了。

电影放映结束后，沈淑回到宿舍时发现宿舍的门已经关了。她轻轻地敲了敲门，本想杨绛睡觉不会太沉，听到后肯定会出来开门的，可谁料想杨绛一直没有出来。无奈之下，她只好重重地敲了几下门，结果还是一样。这时门口已经围满了人。有人告诉沈淑，杨绛曾在化学实验课上说起过自杀，她说在学校自杀很简单，做实验的时候偷偷藏点砒霜就可以了。听到这话后，沈淑急得如同热锅上的蚂蚁，开始胡思乱想起来。正当她准备叫人砸开门的时候，杨绛睡眼蒙眬地走了出来。

沈淑焦急地问杨绛到底发生了什么事，怎么现在才出来。可是杨绛却说她一直没有关门。人群中有人曾经经过杨绛的宿舍，那人也说之前门是虚掩着的。大家面面相觑，都以为是"仙"在作怪。杨绛也说，这一觉是她这辈子睡过最沉的觉。

在学校里杨绛还有一个好朋友叫周芬。早年在北京的时候，周芬的父亲与杨绛的父亲曾在同一单位工作过，所以她们从小便相识了，只是大家对彼此的印象都不是特别深。

周芬学的是医学，与杨绛很是投缘。杨绛也想学习医学，她对学医的人一直怀有崇高的敬意，不过她清楚地知道自己当不了医生。不仅如此，两人还都很喜欢音乐。杨绛、周芬和沈淑都会一些乐器，私下里三个女孩还组建了一个民乐队，闲暇时还会在学校里演出。

学校的阅览室成了男女同学谈情说爱的场所，一到晚上，常有情侣在此约会。表面上是看书学习，实际上是互诉衷情。杨绛也不管这些，经常一个人坐在角落里看书。在这样一个环境里，大家都只在乎自己眼前的这个人，谁也没有心思去理会一个毫不相干的人。

一天晚上，一个同学假装醉酒，走到杨绛身边，偷偷塞给她一封信。

杨绛说："你喝酒了，醉了？信还给你，省得你明天后悔。"说罢，把信原封不动地还给了那位同学。

第二天见面时，那位同学便向她赔礼道歉。

当时时局动荡，学校为了安全起见出了这样一则规定：男生在下午四点之后可以出校门，女生则不能离开学校。杨绛和周芬都觉得这不公平，为此，她们还跟校方争辩过。当然，她们的争辩是有成效的。

后来两人住到了一间宿舍里，终日形影不离，如同姐妹。

在东吴大学的几年里，杨绛一直把全部的心思放在学习上。日子平淡无奇，但也是这些平淡无奇的日子让她看淡了很多事情。那些在常人看来举足轻重的事情，或许在杨绛眼里是如此云淡风轻。的确，选择平淡是一种智慧。

（二）

1930年，杨绛正在东吴大学读二年级。杨绛的好友蒋恩钿顺利考上了清华大学，她知道杨绛的心思，因此极力劝说杨绛报考清华大学。杨绛很快被说动了，趁着暑假在蒋恩钿的陪同下到上海交通大学报名并领取准考证。用唐须嫈的话说就是：阿季脚上拴着月下老人的红绳呢，所以心心念念只想着考清华。

然而命运再一次捉弄了杨绛。她的大弟杨宝昌得了严重的肺结核，因为天气炎热，很快又转为急性脑膜炎，性命垂危。杨绛与母亲和大姐轮流守夜，可最终还是没能挽救弟弟年轻的生命。清华大学的招生考试正好也是在这一天。就这样，她再一次错过了自己心仪的学校。

在当时的社会，大家普遍认为出国留学是最好的也是唯一的出路，如果大学毕业不选择出国留学，那可以说是功败垂成。国外留学消费极高，但是有些父母宁可倾家荡产也要供孩子留学。这些在杨荫杭看来同敲诈勒索无异。说是敲诈勒索似乎有些言过其实，但仅凭这一点就道出了父母供养子女上学的艰辛与不易。

最终，杨绛还是选择留在国内。一来，她不想给父母造成很大的经济负担；二来，她觉得继续攻读政治学实在没有多大意思。与其为了一个国外大学的学位去攻读自己不喜欢的学科，倒不如留在国内选一所心仪的大学专研文学。

自从进入东吴大学，杨绛与父母相见的次数便减少了，只有在放暑假或者寒假的时候才能回家。

有一次，她与父亲对坐着，杨荫杭说："阿季，爸爸新闹了个笑话。"

他告诉杨绛，他在一次出庭的时候突然开不了口了。当时全场都安静下来，所有人的目光都投向他。然而，他终究还是没有说出一个字来，那场官司也只好延后了。其实他只是轻微地中风了。

这一刻，杨绛忽然觉得父亲老了。她无论如何也没有想到那个如山一般的父亲也会有老去的一天，而且这一天来得如此之快。此时此刻，没有任何语言能够形容她的心情，唯有眼泪能够传达她的情绪。她很庆幸自己当时做出了留在国内的决定。如果她身在异国他乡，她一定无法亲耳听到父亲说的这一切。

自从出了这样的事情，杨荫杭便决定关闭律师事务所。他觉得，以他现在的状态不适合出庭了。但是事务所不是说关闭就能关闭的，他手上还有一桩案子没有了结。他趁杨绛有空的时候叫她根据自己的口述代笔写状纸。

以往杨绛也帮父亲抄写过状纸。父亲的要求极为严格，必须用工楷抄写，其间还不能出错。光是笔记便很难达到父亲的要求，而且心里越是紧张手就越是发抖，一不小心就抄错字了。有时候她自己都没有意识到自己抄错字，但这些错别字无一能逃脱过父亲的火眼金睛。

杨荫杭每每看到错别字都会发火，但是这一次，他却什么也没说，只是提起笔，稍稍改了几个字。杨绛写的材料第一次发挥了作用。后来回想起这件事，她感叹道："这是我唯一一次做了父亲的帮手。"

大学四年级的第一个学期期末，有同学组织闹风潮。开始时人数不多，后来多数人都参与了，并且集体罢考。原因很简单，他们希望政府可以将东吴大学改成国立大学。这件事情闹得越来越大，学校根本没法正常上课。

杨绛想了一个办法，她先让母亲把自己和周芬的行李装上车带走，想来门卫也不会为难一个妇女。自己和周芬则在下午四点之后堂而皇之地从学校门口走出去。同学们知道这件事情后也想效仿她们，然而很快就被门卫抓住了，原因是他们都带着行李。

春节过后，开学在即，但是学校还一直处于停课状态。杨绛自是等不及了，因为这是最后一个学期，她马上就要毕业了。她灵机一动，想到了一个解决办法：到燕京大学借读。燕京大学和东吴大学同属美国教会，办理借读手续不会太过麻烦。因此，杨绛和周芬一起去了燕京大学，同行的还有三位男同学，分别姓徐、沈和孙。

去北京的路杨绛并不陌生，多年以前，她就曾几度往返于江南与京城之间。路途遥远，又有长江阻隔，到达北京时已是三天之后。燕京大学的费孝通来车站接他们，给他们安排了宿舍。他们终于可以安心备考了。

二、姻缘：

月下牵线结良缘

心若幽兰 品如秀竹
杨绛传

初识钟书

缘分真是妙不可言又触之不及，似乎人只要一降生，他的缘分就已经注定了。在此之前，无论多少人与他擦肩而过，无论多少人为他驻足，都无法令他心生涟漪，只要与那个人见上一面，他就知道，他的心是属于那个人的。谁都无法改变，谁也无法阻止。这种莫名的羁绊也许就是所谓的缘分吧。

杨绛的好友蒋恩钿正就读于清华大学，得知杨绛来到北京后极力邀请她来清华大学相见。燕京大学与清华大学相隔不远，考完试后，杨绛再也按捺不住了，便急着要去清华。一来，清华大学是自己朝思暮想的地方；二来，那里还有一位自己相识多年的好友。正巧，同行的孙令衔想要去清华看望表兄。于是，两人便结伴同行。两人在校门口分道，杨绛去古月堂见蒋恩钿，孙令衔去找他的表兄。

与杨绛相见后，蒋恩钿自是不胜欢喜，但同时又有个疑问：杨绛为何不来清华借读呢？杨绛原以为清华是国立大学，不愿意接收美国教会大学的学生，可没想到借读清华根本无须考试，只要有个住处就行了，而且蒋恩钿也愿意为她从中接洽。

没过多久，孙令衔带着他的表兄来到了古月堂门口。

这位表兄就是钱钟书。这也是杨绛与钱钟书的第一次见面，可仅此一眼，他们心中便认定了对方。在此之前，杨绛从来没有谈过恋爱，但是她可以笃定她愿意跟眼前这个人相伴永远。此情此景似乎在杨绛心中定格了，多少年之后，她依旧能够清晰地回忆起当时的画面：

他身着青布大褂，脚踏毛底布鞋，戴一副老式眼镜，眉宇间蔚然而深秀。

至于钱钟书对杨绛的第一印象，他后来回忆说：

颉眼容光忆见初，

蔷薇新瓣浸醍醐。

不知腼洗儿时面，

曾取红花和雪无。

其实杨绛早就去过钱钟书的家，只是当时未曾与钱钟书见面，也不知道他是何许人。早年间，杨绛一家曾暂住无锡沙巷，后来杨荫杭不幸身染伤寒。病愈后，一家人就开始合计着另换住处。杨绛曾跟着父母到留芳声巷的朱氏宅看房子，而钱钟书一家此前曾在此居住。

蒋恩钿帮杨绛办好了借读手续，杨绛就转入清华借读，其余四人则留在燕京大学。

虽然几天前在古月堂门口两人只是匆匆一见，甚至都未曾开口说话，但是对方的身影一直在各自的脑海里不断闪现，似乎只要一闭眼，眼前就能出现二人初见时的情景。两人都没有直接去找对方，而是向孙令衔打听消息。这样做最合适了，既免除了见面时的尴尬与羞涩，又能够得知对方的习惯和品行。

然而，孙令衔却在不经意间向两人传达了一个错误的信息，这让他们立马坐立不安起来。孙令衔对钱钟书说，杨绛已经和人恋爱了；对杨绛说，钱钟书已经和人定亲了。

孙令衔的话并不是无中生有的，只是有些言过其实了。杨绛和费孝通是多年的同学，两人从小一起长大，可以说是青梅竹马。费孝通早就对杨绛心生爱慕，直至暮年，还写文章称杨绛是他的初恋。只可惜襄王有意，神女无心，杨绛也曾明确地回绝过他，说："朋友，可以。但朋友是目的，不是过渡；换句话说，你不是我的男朋友，我不是你的女朋友。若要照你现在的说法，我们不妨绝交。"晚年的费孝通曾登门拜访杨绛，扶她上楼梯，杨绛借此机会说："楼梯不好走，你以后也不要再'知难而上'了。"

而钱钟书定亲一事也是有说法的。其实，杨绛在启明女校上学的时候就听说过他的这位"未婚妻"，只是未曾与她见过面。至于对她的印象，几乎都是从旁人那里听来的，有的说她面容姣好，有的说她调皮可爱，有的说她生性好动不谙世事……而钱钟书呢？杨绛早就听蒋恩钿说起过，说他是一个大才子。说起他的才学，怕是整个清华大学无人不知、无人不晓了。杨绛虽然心里掩盖不住对钱钟书的好感，但是对那位未曾露面的"未婚妻"仍有所顾虑。

可事实上，钱钟书与这位姑娘可以说是关系甚微。虽然双方家长都赞成这门婚事，可钱钟书从来没有答应过。

之后，钱钟书和杨绛两人开始有书信来往，相约在工字厅见面。一见面，钱钟书就说："我没有订婚。"杨绛也连忙答复道："我也没有男朋友。"

虽然只有短短的几个字，但是没有人比他们更能明白其中的含义。

携手赴英

（一）

杨绛与钱钟书可谓是郎才女貌，犹如一对金童玉女，很快，他们就确定了恋爱关系。而此时，杨绛在清华大学的借读生活也进入尾声了，二人不得不面对一个非常严峻的问题——去还是留？

七月，杨绛完成了在清华的学业，顺利从东吴大学毕业。钱钟书给她的建议是，趁着暑假的时间好好复习功课，争取考上清华研究生。当时钱钟书即将升入大学四年级，如此一来，他就可以与杨绛一同在清华校园多待一年。

这又何尝不是杨绛的梦想呢？与一个相爱的人携手走在自己神往的学府里，这该是一件多么美好的事情啊！可是美梦如同泡影，终究会有幻灭的一天。现实的打击永远那么令人猝不及防。

杨绛深知以自己目前的水平和精力，要想在短短几个月内将清华本科四年的功课全部温习一遍几乎是一件不可能的事情，单是从头至尾看一遍也需要不少时间。所以，她做出了一个艰难又无奈的决定——回苏州工作。她也试图用各种理由说服自己留下，然而做出这个抉择是一种必然。

我们回首过往会发现，自己在人生关键处所做出的选择大多都是错的，但又无可奈何。我们永远无法设想自己如果选择了另外一条路会是什么结局：也许一片光明、一帆风顺；也许蜿蜒崎岖、满目狼藉……可是在那个时候，在那个做出选择的时刻，我们相信自己做出的选择一定是最符合实际的，哪怕是一时兴起。

回到江南后，杨绛在亲戚的介绍下进入上海华德路小学任教。她原以为当小学教师应该非常轻松，闲暇的时候还可以看看外国文学。当她正式进入工作岗位的时候，她发现全然不是这么回事。每一位教师都要做例行的身体检查，还需要打三次预防针。不幸的是，杨绛打完最后一次预防针后就得了荨麻疹，皮肤上出现了很多疙瘩，而且一直没有好转的迹象。之后的几天，她一直带病工作，身体乏累不说，光是备课、上课就让她觉得有些力不从心了。她发现自己需要学习的地方还有很多很多。

几天过后，杨绛趁着学校放假抽空回家看看父母。与天下所有母亲一样，当唐须嫈第一眼见到杨绛时，她的眼泪就流了下来，她不忍女儿在外面受苦，于是极力劝说，希望杨绛可以辞掉这份工作。教师岗位在当时的社会里可以说是"金饭碗"，除了每月的薪资，还有各种额外福利。普通老百姓是享受不到这种待遇的，所以总有很多人千方百计地想挤入这个行列里。

母亲的话无数次在杨绛的耳边响起，她很清楚，以自己现在的状态实在无法胜任现在的工作。所以，她毅然决然地辞掉了这份在众人看来稳定安逸的工作。在她眼里，教育于一个民族、一个国家都是最重要的事情，她一刻也不想耽误孩子们的成长。

在家养病的这些时日里，杨绛也曾产生过放弃考研的念头。她写信告诉钱钟书，说自己不想考清华了。钱钟书得知此事后时常来信劝说杨绛，希望她可以重拾课本。说的次数多了，杨绛有些心烦。钱钟书何许人也？他是清华出了名的才子。杨绛知道自己辩不过他，索性不回信。这可把钱钟书急坏了，他以为杨绛从此以后再也不会理他了。不过，没过多久他们就和好了。为了寄托相思之情，钱钟书还作了不少诗，其中一篇写道：

> 缠绵悱恻好文章，粉恋香凄足断肠；
>
> 答报情痴无别物，辛酸一把泪千行。
>
> 依穰小妹剧关心，鬌瓣多情一往深；
>
> 别后经时无只字，居然惜墨抵兼金。
>
> 良宵苦被睡相谩，猎猎风声测测寒；
>
> 如此星辰如此月，与谁指点与谁看。
>
> 因人节气奈何天，泥煞羲函梦不圆；
>
> 苦雨泼寒宵似水，百虫声里怯孤眠。

相思对于一对恋人来说是致命的疾病，单凭鸿雁传书已难解心头的思念。新年伊始，钱钟书趁着寒假南下江苏与杨绛相见。在钱钟书的帮助下，杨绛顺利考进了清华大学研究生院。在这期间，钱钟书的书信一直没有间断过，可杨绛的回信寥寥无几。他无奈地感叹道：别后经时无只字，居然惜墨抵兼金。是杨绛惜墨吗？任何一个女子在面对这样一份火热而厚重的爱情时都会有些手足无措。在钱钟书的《围城》中也能找出似曾相识的画面来：方鸿渐给唐晓芙写了十来封书信，最后也只收到一封回信。

后来，杨绛的一封回信不小心被钱钟书的父亲钱基博接收了。他早就发现了钱钟书的异常举动，只是心照不宣。出于对儿子的关心，在好奇心的驱使下，他拆开了那封信。当他看完那封信的时候，他不禁对这位写信的女子青眼有加。信上说：

现在吾两人快乐无用，须两家父亲兄弟皆大欢喜，吾两人之快乐乃彻始终不受障碍。

如此一来，钱钟书与杨绛的关系算是被摆上台面了，两人之间的那一层薄纱算是被彻底戳破了。1933年，两人在双方亲朋好友的见证下订婚。无论在何人看来，这桩婚姻都是天作之合。杨绛与钱钟书的恋爱是自由恋爱，从相识到相知，再到订婚，都没有经过第三人，然而他们还是选择了传统婚姻的流程——父母之命，媒妁之言。后来杨绛回想起这件事时自己都有些茫然，她已然忘却了当时订婚的场面了，也忘记了是如何订的婚，忘却了在座都有哪些朋友，只是记得从那以后，她就是钱钟书的未婚妻了。

九月，杨绛前往清华大学上学，此时钱钟书已从清华毕业。他申请了英庚款留学奖学金准备出国留学，然而奖学金申请条件中有一项是需要申请人有两年的授课经验，这让他有些措手不及。随即，他便应聘到上海光华大学担任讲师。

自此，两人又分隔两地了。

来年春天，钱钟书特地赶到北京看望杨绛，杨绛也抽了空陪他游览北京的名胜古迹。钱钟书虽然也曾在北京待了数年，但他一直深居简出，极少出游。因此，除了学校附近的地方，北京城于他而言也算是一座陌生的城市了。在杨绛的陪同下，钱钟书显得格外兴奋。其实，出游最重要的不是目的地，亦不是景色，而是与谁一起。初春，寒意尚未退去，花草仍被冰雪封冻着，不过这些都冷却不了两颗年轻、炽热的心。只要阳光穿透云层照射下来，他们的脸上依旧能浮现笑容。幸福发自于人的内心深处，从某种意义上来说，它不受外界因素影响。

然而，快乐的时光总是短暂的。春节假期过后，钱钟书又要回上海教书了。他将这几天的感受全写在了一首诗里：

> 分飞劳燕原同命，
>
> 异处参商亦共天。
>
> 自是欢娱常苦短，
>
> 游仙七日已千年。

对于杨绛而言，她的精神世界是丰富的。能够在自己梦寐以求的学府进修是她最享受的一件事。她说：

> 我在许多学校上过学，但是最爱的是清华大学；在清华大学里，最爱清华图书馆。

后来，杨绛回忆起在清华大学读书的那段时日，除了一个人，还有一个地方让她念念不忘。那就是清华的图书馆。

对于一般人而言，图书馆是最容易被忘却的。很多人极少去图书馆，即便去了也只是看书，没有谁会在意图书馆本身。正如一个人在一个闲暇的午后去了附近的一家咖啡厅喝了一杯摩卡，倘若有人问他，咖啡好不好喝？他可以马上回答好喝或者不好喝。但如果有人问他，你知道那儿有只猫吗？他或许要想上一阵子，或者直接回答不知道。很简单，因为人专注的东西不同。去图书馆是为了看书，去咖啡厅是为了喝咖啡，仅此而已。但是，这不是杨绛的风格。她记忆中的图书馆是有故事的。

只可惜一直被杨绛视为神圣殿堂的图书馆并没有见证她和钱钟书的爱情。当她还是一个借读生时，他们并没有在图书馆里相遇过；当她成为清华的研究生时，他已经离开清华了。

此时，杨绛的文学创作水平已到达一定的高度了，这与她的老师——著名文学家朱自清先生分不开。她曾在朱自清的课堂上完成了自己的处女作——《收脚印》。任何一位作家对自己的第一部作品一定会有深刻的印象，因此直至暮年她仍记忆犹新：

这是我在朱自清先生班上的第一篇课卷，承朱先生称许，送给《大公报·文艺副刊》，成为我第一篇发表的作品。

朱自清也曾将她的一篇习作《璐璐，不用愁》推荐给了《大公报·文艺副刊》。很快，这篇作品就发表了。她的文章描写细腻、情感动人，后被林徽因选入《大公报·文艺副刊·小说选》中。同期入选的还有沈从文、萧乾、老舍等著名作家的作品。这对于一个初入文坛的作者来说是一种莫大的鼓励和荣耀。

（二）

几乎每一对新人在结婚的时候都希望可以"执子之手，与子偕老"，与自己心爱的人举案齐眉直到青丝转成白发。然而，在那个物欲横流的时代，白头到老对一部分人来说几乎成了一种奢望。无论如何，惨淡收场总是让人难以接受，哪怕自己已经预料到会有那样的结局，但当那样的结局真正摆在眼前时仍然会令人心痛如刀绞。所以，杨绛是幸运的。他们的感情是如此纯粹，以至于两个人的心里都只装得下对方一个人。

有人用这样一句话描述一段真挚的爱情：我见到她之前，从未想到要结婚；我娶了她几十年，从未后悔过，也未想过要娶别的女人。当杨绛把这句话读给钱钟书听时，钱钟书回答道："我和他一样。"杨绛回复说："我也一样。"

1935年，钱钟书在上海光华大学完成了为期两年的授课任务，再次申请了英庚款留学奖学金。同期报名的学生有290人，其中不乏佼佼者，而他心仪的专业——英国文学却只接收一个人。这就意味着，他将面临巨大的竞争压力。然而这一压力很快就化为乌有了，不少同学听闻钱钟书填报了英国文学专业后都纷纷转报其他专业去了，在他们心里，钱钟书早成了他们的"劲敌"。果然，钱钟书不负众望，以87.95分的优异成绩被录取。

　　杨绛得知这件事后自然是喜出望外。即便自己还没完成研究生的学业，即便自己所在的学科没有留学奖学金，她也毅然决定自费出国留学，陪伴在钱钟书左右。她非常了解钱钟书，如果让他一个人出国留学，她不放心。所以，她想先与钱钟书完婚，再随他一同出国。

　　下定决心后，她与自己的导师商量用论文来代替考试，未等毕业便提前回家了。由于事情突然，杨绛甚至没来得及给家里写信告知父母自己不日要回家，便开始匆匆收拾行李。火车抵达苏州时已过中午，当她领了行李雇车回家时已是下午三时了。

　　有人认为父母与子女之间一定存在着某种不可言明的联系，无论对方离家多远。在杨绛踏入家门之前，父亲杨荫杭就隐约地感觉到她今天要回来。当天中午，杨荫杭刚刚睡下就觉得杨绛要回家了。于是，他立马起身朝唐须嫈的房里走去。到了那儿时才发现，房间里空无一人。他并没有灰心，以为杨绛是因为担心打扰他而跑去其他房间了。他又去找，结果只发现唐须嫈一人在屋子里做活。

　　杨荫杭问："阿季呢？"

　　唐须嫈回答说："哪来阿季？"

　　"她不是回来了吗？"

　　"这会子怎会回来？"

　　杨荫杭只得回房继续睡觉，可是怎么也睡不着。

　　杨绛一下车，把行李丢在门口，便飞速跑向父亲的房

间。杨荫杭"哦"了一声，然后下了床，说："可不是来
了！"他与杨绛说起这件事，还自鸣得意地说："真有心血
来潮这回事。"自此，他终于明白"曾母啮指，曾子心痛"
是怎么一回事了。他原本以为父母与子女是独立的个体，两
者之间的确存在着联系，但是各自有各自的生活，这是人类
与生俱来的隔阂。然而，这种看似无懈可击的隔阂，在情感
面前却不攻自破。

　　面对着逐渐老去的父母，杨绛心里有些不舍。不知何
时，皱纹已深深地镶嵌在母亲的眼角了，而且只会越来越
深，越来越多。年少时与众兄弟姐妹一起嬉闹的场景已然不
复存在，家里似乎少了些什么，一下子变得冷清了起来。也
不知从何时起，父母突然变得沉默寡言了，也许是大家一时
间找不到契合的话题吧。这是成长带给人的烦恼。

　　父亲倒像是看透了她的心思一样，劝她放宽心，放手去
追求自己的理想。她想起自己曾经在小说里塑造过的一个人
物——璐璐，虽然主人公在两个男孩之间抉择不定，但是说
到底还是对两种不同生活模式的抉择。最后，主人公还是选
择了一种开放式结局——出国留学。杨绛目前的处境与小说
中的主人公有不少相似之处，但是她比主人公幸运，她心里
有自己的打算。

　　1935年7月13日，杨绛与钱钟书在苏州庙堂巷杨家举办
了婚礼。杨荫杭主婚，张一各证婚，杨必为伴娘，孙令衔为
伴郎，鲜花礼炮，掌声不断，场面好不热闹。一对新人踏着
《结婚进行曲》，携手走过红毯，互相交换戒指，并在结婚

证书上盖上各自的印章。

当天宴请的宾客几乎都是双方的良师益友，有同学不远千里从清华大学赶来，但是这些人当中她只能记住个别，其余的随着时间的流逝她也记不清了。但是有一个人她印象极为深刻，这个人就是她的三姑母杨荫榆。后来，杨绛回忆起这位三姑母时，她毫不避讳地说：

我不大愿意回忆她，因为她很不喜欢我，我也很不喜欢她。

杨荫榆也参加了杨绛的婚礼，可是她的装扮却让众人觉得匪夷所思。按理说，参加亲朋好友的婚礼应该穿喜色的衣服，可她却穿了一身白夏布的衣裙和白皮鞋。说得不好听些，她并不像是来参加婚礼的，倒像是来吊丧的。当然，谁也不知道她为什么穿着如此不合时宜的衣服来参加婚礼。但是杨绛还是选择体谅三姑母，认为她是因为许久未曾添置新衣裳或者不知道原先那些款式已经过时了而选错了衣服。

其实，杨荫榆也是一位可怜人，可以说是生不逢时，怀才不遇。要不是出生在那个战火连天的年代，以她的才能或许早该有所作为，起码不至于处处碰壁。婚姻的失败、工作的不顺致使她的性格变得有些孤僻，行为处事时常出人意表。面对这样一位对人生充满否定的人，杨家人选择处处避让，更多的是同情她不幸的遭遇。

酒过三巡，宾客散尽，杨绛随钱钟书回到无锡钱家。在钱家，两人按照中国传统的婚嫁礼仪又举办了一次中式婚礼。

不幸的是，那一天虽然是黄道吉日，但也是一年中最热的日子。杨绛和钱钟书一直都穿着厚厚的礼服，在接二连三的酒席过后，两人终于因为体力不支而病倒了。钱钟书病得更重，其间高烧不退。

传统的婚嫁礼仪中新婚夫妻需在结婚三日之后一起回女方家见长辈，但是，因为病情，两人都没有如期回到苏州杨家。这让杨绛的父母不免有些失望。所以，当杨绛身体稍有好转时，她便叫上小姑子一起回娘家。此时，钱钟书正在做出国前的培训。

从杨家出来时，杨绛心里倍感沉重。当然，她那时候也不会料想到那一次与母亲短暂的相见竟是最后一次见面了。她将母亲送给她的衣服收好，放进行李箱中，以免出国前因为匆忙而落下。在杨绛心里，这不是一件普通的衣服，其中包含着母亲无尽的思念与关怀。当时的杨绛一定无法体会母亲送衣服时的心情，或许当她为人母时才会明白吧。这件衣服与她儿时收到的那枚崭新的银元一样，成了她最重要的物品。

慈母手中线，游子身上衣。

临行密密缝，意恐迟迟归。

谁言寸草心，报得三春晖。

短短几行字，却道出了天下父母对子女无尽的牵挂。

没过多久，杨绛和钱钟书便要启程了。他们来不及回苏州杨家一趟，只得在无锡乘火车出发。火车经过苏州站时，杨绛突然泪如雨下，她能清晰地感觉到父母在想她。如果可以，她想即刻跳下火车，然后以最快的速度赶回家中，向他们道一声别。可是这一切都不可能实现了。

三姐送他们上了邮轮。由于杨绛的护照上写的是杨季康小姐，所以她与钱钟书被分到不同的船舱。但这丝毫不影响她与钱钟书的交流。多数时间，他们都在一起谈古论今。这让为期一个多月的海上旅程显得不那么枯燥。

邮轮经香港，过新加坡，经由苏伊士运河进入大西洋，最后抵达英国。

国外生活

（一）

几乎所有的新婚夫妻都希望有一场蜜月旅行，能够让两个热情似火的人互诉心声。对杨绛来说，这漫长的海上航线并不是一段愉快的旅程，但是她并没有觉得疲惫，因为钱钟书总是会给她带来惊喜。途中，她也曾感到迷茫，但是很快，心里的这些阴霾便被和煦的海风吹散了。她坚信自己的选择。

这段仿佛没有尽头的旅程更像是一次人生的洗礼，所有的红尘往事都被辽阔的大海阻隔了，他们可以心无旁骛地在知识的海洋里遨游，享受每一次获得新知识的喜悦。

邮轮到港后，他们并没有急着去牛津大学报到，而是选择先在伦敦游玩一番。牛津大学的开学时间是在十月初，而他们从八月中旬便登船出发了，至今九月还未过，所以他们仍有不少时日可以自由支配。

当时，钱钟书的堂弟钱钟韩和钱钟纬已在英国留学。他们听闻钱钟书带着杨绛已到达伦敦时便急忙赶来相见。远在异国他乡，能与亲人相见，各自的感受也唯有他们自己清楚。人生四大乐事：久旱逢甘露、他乡遇故知、洞房花烛夜、金榜题名时，钱钟书一下子占了其中三条，这样的幸事是可遇不可求的。为此，他特地作了一首诗《伦敦晤文武二弟》：

> 见我自乡至，欣如汝返乡。
>
> 看频疑梦寐，语杂问家常。
>
> 既及尊亲辈，不遗婢仆行。
>
> 青春堪结伴，归计未须忙。

在伦敦小住的这段时日里，他们参观了大英博物馆和几个有名的画廊以及蜡人馆。未等开学，他们便收拾行李赶往牛津大学。钱钟书的入学手续已经办妥，他将进入Exeter（埃克塞特）学院学习文学。杨绛是自费留学的，所以在学籍问题上需要多方接洽。她本想进入女子学院学习文学，只可惜文学专业的招生已经满额了，只有历史专业还有几个名额空缺。她不想将就着学习历史专业，更不想像以前一样听从命运的安排选择自己不喜欢的专业，所以，她选择在牛津大学做一个旁听生。

这未尝不是一件好事。如此一来，她便有更多的时间可以做自己喜欢做的事情。对于一个喜欢读书和研究文学的人来说自然不会错过这座堪称世界第一的图书馆——博德利图书馆。这里收藏图书的种类之繁多几乎超出了她的想象。自1611年起，英国书业公司但凡出版新书都会赠送一册给博德利图书馆。钱钟书在得空的时候也会来这里。对于他们而言，似乎与生俱来就有一种强烈的求知欲望。自然而然，图书馆成了他们心里的"老地方"。钱钟书甚至戏称它为"饱蠹楼"。

出国前，杨绛想着，既然自己不能公费出国留学，而又希望有机会可以出国深造，那就索性与钱钟书一同出国，借着他的光，还能节省一些费用。

但是，所有的一切并没有向着她所设想的方向发展。学校并没有给他们提供宿舍，他们需要自己寻找房子。最后，他们在离学校不远的地方找到了合适的住房，房东叫"老金"。同住的还有两位来牛津大学访问的医学专家，一位姓林，一位姓曾。跟国内的租房不同，这里的房东除了每天会帮房客收拾房间外还会提供伙食。杨绛难得可以享受一下安逸的时光。

然而意外总是不期而至。他们刚住进老金家没多久，钱钟书就跟牛津这片神圣的土地来了一次亲密之吻。他在下公共汽车的时候没站稳，一不小心人就跌倒了，还磕断了半颗门牙。回来时，他一直用手帕捂着嘴巴，鲜血几乎浸湿了整块手帕。正所谓关心则乱，杨绛急得如同热锅上的蚂蚁，不知该如何是好。幸亏邻居是医生，在他们的建议下，杨绛陪同钱钟书到附近的牙科诊所将剩下的半颗牙齿取出，镶上假牙。在杨绛看来，生活中的钱钟书完全像个小孩。

这件事让杨绛突然明白了生活真正的含义：不幸的事情总会发生，我们应做好准备。在伦敦生活的消费极高，很多地方都需要花钱。如果她想报考其他的学校，那么两人势必要分居两地，如此一来，他们的花销便成倍提高了。当然，还要留一部分钱来应对一些"小插曲"。当时，杨绛的父亲患有高血压，身体一直不是很好，母亲则一直在旁照顾。念及父母，她不想再给家里增加负担。所以，她选择安心地做一个旁听生。

开学后，每一个自费的留学生都领到一件黑色的背心，背面还有两根黑色的布条飘带。钱钟书虽然申请了英庚款留学奖学金，但对牛津大学来说，他仍是一个自费生，只是他的学费不需要自己出。上学路上，随处可见穿着这种黑色背心的留学生。这让杨绛羡慕不已。作为旁听生，她没能领到这样一件衣服。旁听课程的时候，看着其他同学穿着黑色背心坐在课堂中央听讲而自己只能坐在一侧旁听，她心里隐隐有一丝自卑。

她向钱钟书诉苦，钱钟书则笑她身在福中不知福，拿出自己的课程安排表给她看，还给她看了以往的论文。杨绛这才庆幸自己是旁听生而不是正式生，否则她也将面临繁重的课业压力。尽管她可以以此为乐，但她终究还是觉得自己没有受过系统的培训，无论如何总有所欠缺。钱钟书却觉得自己课业压力过大，以至于没有更多的时间可以用来阅读。

在牛津大学，除了上课，还有一门功课是必须要完成的，否则就拿不到学位证书。这门功课就是"吃饭"。这里的吃饭是有讲究的，每人每个星期必须在学校的食堂吃四到五次晚饭。其实，学校是想通过这种方式来判断学生是否在校。倘若有人周二的晚饭没在食堂吃，那么校方就会认为他那天不在学校，而且会被记过处分。所以，有不少同学感叹：吃饭比上课还重要。钱钟书曾戏说：

获得优等文科学士学位之后，再吃两年饭，就是硕士；再吃四年饭，就成博士。

牛津大学的学制与国内大学有很大的不同。在牛津大学，每一学年分为三个学期，每个学期为两个月，期间有一个半月的假期，第三个学期结束后有长达三个月的暑假。

有不少同学选择在假期出去游玩，也只有钱钟书一人能够耐下性子继续读书。这的确是他一贯的作风，在清华大学读书的时候，他也不曾去一些名胜古迹游玩，最后还是在杨绛的陪同下参观了一些地方。

相较而言，杨绛倒显得开朗些。每天她都拉着钱钟书去屋外走走，每次总去一些未曾到过的地方，他们叫这为"探险"。后来，"探险"便成了两人的习惯。他们喜欢在安静的小巷或郊区闲逛，偶尔也到大街或者闹市凑热闹，不过几乎都是走得慢，看得多，兴致来临的时候也会去商店里看看。对于他们来说，看看一些人、一些事、一些物亦有一番别样的感受。

牛津这个地方的确适合居住，这里到处充满人情味，人与人之间的隔阂被一声声问候打破了。假如你走在街上，遇到一个邮递员，恰好你有一封从远方寄来的信，那位邮递员就会解下包，找到那封信，然后亲手交给你。你可以留意一下旁边是否有小孩向你讨要邮票。当你把邮票递给他们时，他们会真诚地向你道谢。偶尔你还会碰到几个警察，他们各个身穿制服，戴着白色手套，笔挺地走在大街上。他们会挨家挨户查看门窗是否关好，对于那些忘记关门窗的人，他们会耐心地提醒。夜晚，回到住所后，你可以打开一本书，安静地享受阅读带来的快乐。

新生的课外活动很多，最常见的就是大家互相请吃下午茶。在此之前，杨绛全然不知外国还有这样一门礼数，因此她也不会泡茶。大家便教杨绛如何取茶叶、如何添水：

先把茶壶温过，每人用满满一茶匙茶叶：你一匙，我一匙，他一匙，也给茶壶一满匙。四人喝茶用五匙茶叶，三人用四匙。开水可一次次加，茶总够浓。

品茶讲究意境，除此之外，大家也相互闲聊。钱钟书虽然不喜欢经常外出游玩，但他却爱玩文字游戏。所谓的文字游戏，就是用几个有趣的词语写成一首打油诗以调侃对方。这样的方式也就只有在好友之间才能进行，因为对方足够了解自己，全然不会曲解自己的意思。至于诗的内容，谁都没有在意，只是一笑了之。为此，向达曾说他"口剑腹蜜"。其实向达也是出于好意，他担心钱钟书直言不讳的品性有时候会让自己受挫。关于这个问题，钱钟书也曾和杨绛探讨过。杨绛说：

我们和不相投的人保持距离，又好像是骄傲了。我们年轻不谙世故，但是最谙世故、最会做人的同样也遭非议。

她和钱钟书以此自解。

钱钟书的性格与杨绛的父亲有些相似，都认为大丈夫理应有所为、有所不为。当时有一位叫史博定的富翁请他们到家里做客，杨绛和钱钟书都去了。期间，那位富翁有意让钱钟书放弃英庚款留学奖学金，改读哲学，顺便可以做其弟弟的助理。富翁的弟弟是一位汉学家，在牛津大学任研究员。结果，钱钟书断然拒绝了。杨绛心里明白，让他放弃祖国的奖学金，他是万万不会这么做的，即便面对再大的利益诱惑。

（二）

不知从何时起，老金的饭菜越来越不合胃口了。一些偏英式的饭菜全然不符合钱钟书的饮食习惯。这些杨绛一直看在眼里，她很担心钱钟书的身体。读书做学问是一件非常耗费精力的事情，如果营养得不到补充，只会让他事倍功半。所以，杨绛想搬去一个有厨房的地方，这样便可以自己做饭，伙食上也能得到改善。钱钟书打趣说："你又不会做饭。"杨绛回复说："我相信总能学会。"

在老金家，他们只有一个房间。这样很不方便。这里时常会有钱钟书的朋友登门拜访，一次总要花上两三个小时。杨绛没有地方去，只得坐在一旁。如此一来，她便没有时间读书了。这对她来说简直是一种浪费。

杨绛开始留意报纸上的招租广告，但是看了好几个地方都不太满意。这些房子都在郊区，离牛津大学甚远，来回的路上要花费不少时间。在一次"探险"时，杨绛偶然看到一幢住房的墙壁上贴了一则招租广告。等她第二次从那儿经过时，那则广告又不见了。这并没有让杨绛灰心，而且她也是真心喜欢那幢房子的。于是，她鼓起勇气，按响了门铃。她心里早就想好了一段说辞以应对房主人的责备，因为不请自来总显得有些冒昧。若是因此而造成房主人的不悦，杨绛心里也会自责。但是就此放弃可不是她的性格，无论如何她也要尽力一试。

她没有料到的是，房主人竟然没有责备她，只是上下打量了她一番，象征性地问了几个问题，便带她上楼看房子了。房主人叫达蕾，是一位年长的女士。这套房子虽然是从大房子里隔出来的，但是卧室、起居室、厨房、浴室一应俱全。卧室前有个大阳台，站在那儿能看到下面的花园。而且这里离学校很近，离图书馆也很近，借书还书都很方便。

第二天，杨绛叫了钱钟书来看房子，他只看了一眼便决定在此住下了。虽然这套房子的租金比老金家的要高些，但是只要不超过预算，他们都是可以接受的。

圣诞节过后，他们便搬进了新家。当天，两人花了整整一天的时间才将所用物品归置好。光是整理书籍便花了大部分时间，当然，这也是他们最宝贵的物品。深夜已至，钱钟书累得倒头就睡，杨绛也已体力不支，但她却辗转难眠。

当她醒来的时候，钱钟书已经将早餐端到床前了。杨绛怎么也没有想到，平日里连自己的起居都要别人照料的钱钟书竟然会给她做早餐，而且花样还不少：水煮蛋、面包、奶茶，还配有黄油、果酱和蜂蜜。从初到伦敦至今，这是杨绛吃过的最丰盛的一顿早餐了。其中原因有二：一来，今天的早餐的确味道不错，分量也足；二来，这是钱钟书特地为她做的，光是这份心意便足以让人觉得暖心。

住房不远处有一家食品杂货店，里面有各种食品。挑好自己想要的商品后，不必急于付钱，也不必自己来提货，老板会拿出一个小账本，把所有的账目记在上面，每半个月记一次账，东西则会由一个小男孩送过来。每天清晨，他们都会送当日的牛奶来。店里刚做了面包，小男孩也会送过来，拿到时还热乎着。

杨绛从来不拖欠账款，只要老板送来账本，她都是当即付款。老板为人也挺实在。杨绛如果不小心挑选到了一些不新鲜的东西，店主就会告诉她实情，然后建议她过两天再来，到时候会有新货。当然，店里进了一些新鲜的东西，店主也会告知她。

新家的厨房并不大，厨具也不全，佐料也是缺三短四的，但是这些都阻挡不了杨绛做菜的热情。钱钟书想吃红烧肉，杨绛自知厨艺不佳，特地向同学们取经。厨房里没有合适的刀具，她只能用剪刀将肉剪成小块，并且在同学的指导下下了锅。由于第一次做红烧肉，加上操之过急，结局可想而知。她想起母亲在做饭时时常用文火炖煮，渐渐地她也明白其中的奥妙。其实做菜如做人，有些菜需要猛火快炒，有些菜需要文火慢炖，有些事需要当机立断，有些事需要反复思索，这就需要自己能够把握好其中的度。常言道，张弛有度。

有了第一次的经验，第二次做红烧肉时，她便不那么慌张了，改用文火慢煮。没有黄酒，她便改用雪利酒。出锅时，成品不错。做菜的方法其实很简单，只要掌握了其中的奥妙就能一理通百理融，适用于任何一道菜肴，无论是蒸煮焖炖，还是煎炒烤炸。

然而，对于食材的不了解也让她闹了不小的笑话。有一次，杂货店的小男孩送了一些新鲜的扁豆过来。一开始，杨绛还以为是平常吃的毛豆，需要剥了壳才能食用。当她剥了一颗后才发现这并不是毛豆，它的壳很厚，里面的豆子几乎小到看不见，原来这种扁豆是连壳一起食用的。还有一次，经过杂货店的时候，她买了一些活虾回来。她之前没做过虾，以为要用剪刀先剪去虾的胡须和脚。没想到，她一刀剪下去，那只虾竟然活蹦乱跳起来，足足把她吓了一跳。她把这事告诉钱钟书，还说以后再也不吃虾了。

渐渐地，杨绛做的菜越来越可口了。原本学做饭是为了改善伙食，或者说抱着一种贪玩的心态去做饭，钱钟书吃得开心，她也开心。可是，久而久之，做饭成了杨绛的一项专职工作。这对她来说或许不是一件好事，因为这意味着她每天要在这上面花很长的时间，难免会耽误她学习。她曾打趣说，一个人要是不吃饭那该有多好啊！这就好比一个忙于工作的人在想要是晚上能不睡觉那该有多好一样。然而钱钟书却不以为然，他觉得饭还是要吃的，即便潇洒如神仙，但不食人间烟火，也实在是无趣。后来，钱钟书在《赠绛》的一首诗中这样写道：

> 卷袖围裙为口忙，朝朝洗手作羹汤。
>
> 忧卿烟火熏颜色，欲觅仙人辟谷方。

这与他先前说的话有矛盾，可这种矛盾是出于对杨绛的关爱。

这段时间是杨绛最快乐的日子，平淡的时日里，有钱钟书和书相伴，夫复何求。

（三）

暑假的时候他们打算到伦敦和巴黎转转，也算是一次"探险"。于是，他们收拾心情，轻装出发。

远行的意义并不只在于走过多少地方，见过多少风景，与多少人吃过饭、打过招呼，而在于自己内心的感受：见过广阔天地时的感受，看到芸芸众生时的感受以及面对自我时的感受。

当时钱钟书受邀参加第一届"世界青年大会"，杨绛亦接到邀请，让她担任共产党的代表，出席会议。会议在瑞士的日内瓦召开，两人一同乘坐火车前往。一路上，杨绛非常兴奋。与往常出席的活动不同，这一次，她是有身份的。

在日内瓦的时候，只要一得空，他们仍然会去"探险"。有一次，他们走过了一条山路，来到莱蒙湖边。他们本想沿着湖岸绕一圈，可是走远了才发现湖面之宽广超出了他们的想象。

其实人生何尝不是如此呢？当你的见识仅局限于一个小

地方时，你决计不会料到世界竟会有如此之大；当你的见识越来越广时，你会发现自己遇到的问题也会越来越多，而且越来越大、越来越难以解决。那么，你还愿意回到从前吗？可事实上，你是回不去的，你的所见所闻不让你回去，你思考问题的方式在无声无息间已经发生了翻天覆地的变化。即便你的人可以回到当时那个地方，你的心境决计不会是当时的心境。这就好比在湖边行走，当你退回起点时，你会发现湖面依然宽广，你仍旧无法走到对岸，问题依然没有解决。

回伦敦前，他们在巴黎小住了一个星期。盛澄华接待了他们。当时他正在巴黎大学上学，所以特地向杨绛和钱钟书介绍了巴黎大学。学校有个规定，若要从巴黎大学拿到学位证书需要有两年的学历。在盛澄华的帮助下，他们在巴黎大学注册了。学校的管理较为放松，不像牛津大学一样要求学生必须"按时吃饭"。所以，他们有了两重身份：既是牛津大学的学生，又是巴黎大学的学生。

这个假期，他们收获颇丰。他们不仅完成了一次远游，还有了第一个孩子。于钱钟书而言，这两件事都意义非凡。作为一个父亲，孩子的意义自然是不必说的，这是爱的结晶，是上天的恩赐，是家庭中的一个重要成员。远行的本身也让他获益匪浅。读万卷书，行万里路，两者其实并不存在矛盾，反而是相辅相成的。有句话说得好：要么旅行，要么读书，心灵和身体必须有一个在路上。

人生是一条漫长的道路，一路上会遇到很多人，会做很多事，其中不乏很多是错误的，会有喜悦，亦会有遗憾。

一个新生命的诞生是人生旅途的起点，于杨绛和钱钟书而言，则是人生中的重要转折点。这就意味着，从此时此刻起，他们将肩负起养育孩子的责任。这种责任将伴随一生。杨绛一直认为这是上天对自己的厚爱，不早不晚，在最恰当的时候。一开始，她以为孩子仅是存在于腹中，不会影响自己做学问。但后来她才明白，这与她想象的全然不同。正如果树开花结果，秋天的果实凝结了整棵树全部的养分。但作为母体，它是心甘情愿的，这就是母爱。母爱之伟大在于无私，在于不求回报地付出，在于甘愿为新生命而消亡。当然她并没有消亡，只是不能像以前一样全身心地投入到阅读当中了。

即将成为母亲的杨绛心情是复杂的，她开始想象着宝宝出生后的生活：一家三口一起去法国，孩子寄养在乡村农户家，自己和钱钟书继续在巴黎大学进修，周末可以去郊区看望孩子。这样的画面温馨、宁静。

她有时也问钱钟书到底喜欢男孩还是喜欢女孩？钱钟书回答说："我不要儿子，我要女儿——只要一个，像你的。"其实杨绛倒是希望将来的女儿像钱钟书，而不是像自己。可转念一想，若是女儿真像钱钟书，那会是什么模样呢？对此，她报以会心一笑。

钱钟书对杨绛可谓是关怀备至。他特地找到了妇产医院的院长，希望院长能安排一个最专业的医生。院长是一位女医生，也接生过不少孩子，她知道有些产妇对医生的性别有要求。于是，她问道："要女的？"

钱钟书郑重地回答："要最好的。"

院长安排了斯班斯大夫为杨绛的主治医生。他家离杨绛的住房很近，这样也方便咨询。他预计宝宝将在5月12日降生，而那一天正是乔治六世的加冕日，所以，他称呼这个宝宝为"加冕日娃娃"。不过这位英国国王好像并不吸引宝宝的注意，过了预产期数日，杨绛还是没有分娩的迹象。

5月19日，当她从病床上缓缓苏醒时，她已经完成了一次生命的洗礼。虽然身体极度疲倦，但她的心情依旧是快乐的，她很享受此时此刻。

护士见她醒来，惊奇地问她："你为什么不叫不喊呀？"

杨绛气定神闲地说："叫了喊了还是痛呀。"

护士听得一头雾水，"中国女人都通情达理吗？"

有护士甚至问："中国女人不让叫喊吗？"

其实护士们不知道，这种通情达理正是中国千万个传统女性的素质。无论她们身在何方，无论身处何地，这种坚韧不拔的精神与顽强拼搏的毅力是深深地镌刻在灵魂当中的。

很快，她又睡了过去。她再次醒来后不久，钱钟书也来到了病房。护士抱了刚出生的宝宝来。据说，这个宝宝是在牛津出生的第二个中国婴儿。

她从护士口中得知钱钟书已经是第四次来医院了。当时，他的课业非常繁忙，但他仍然放心不下杨绛和孩子，只要一得空就往医院跑。第一次来医院的时候，医生只告诉他杨绛生了个女儿，但没有让他相见；第二次来时，杨绛的麻醉期还没有过；第三次来时，杨绛又睡过去了；第四次来时，恰好赶上杨绛清醒过来。

钱钟书看到女儿时自然是喜不自胜。他细细地看了一下自己的女儿，欣喜地说："这是我的女儿，我喜欢的。"这是他发自肺腑的感言，亦是对一个新生命到来的欢迎。

当得知钱钟书已经来来回回走了七趟时，杨绛心里很是心疼。医院虽然离住处不远，但是没有直达的公交车，钱钟书必须依靠步行。临行前，杨绛特意叮嘱他坐车回家。

杨绛在医院住了三个多星期，住的是单人病房。出院前，护士带她看了一下普通病房。普通病房的房间很大，有32个床位，床尾处连接着一个摇篮，那是宝宝睡觉的地方。这里的床位全住满了，其中一位妈妈生了一对双胞胎。杨绛觉得自己是幸运的，不过又有些不幸。不幸的是，她不能像这些妈妈一样能够与自己的孩子朝夕相伴，她虽然能听见孩子的哭声，但不是随时都能看到自己的孩子。这对一个初为人母的妈妈来说是一件极其痛苦的事情。

这段时间钱钟书一个人住在家中。杨绛不在身边，他的生活可想而知。他时常会犯一些小错误，或是把墨水洒在桌布上，或是不小心打翻台灯。每次到医院时，他总是垂头丧气的。杨绛则安慰他说："不要紧。"果真，他就安心了。

在钱钟书心中，杨绛的这句"不要紧"犹如一颗灵丹妙药，能够给他的心灵带来慰藉。当然，他是深信不疑的。

在伦敦的时候，钱钟书的脸上生了一颗疔。他很着急，担心会留下疤痕。杨绛却说："不要紧，我会给你治。"她从护士那里学了热敷的方法，每隔几个小时就帮他做一次热敷。没过几天，那颗疔还真不见了。

出院后，杨绛的生活起居都是由钱钟书照料的。如果不是亲眼所见，谁也不会料想到一个满腹经纶的清华才子竟然会"洗手做羹汤"。

其实，这就是生活。生活就是由许许多多平凡的、琐碎的小事组成的。一个幸福的家庭在于夫妻双方都愿意帮对方分担责任，一起努力经营生活。这才是伟大的爱情，平淡只是表象，他们的心中永远充满热情。

（四）

经过两年的刻苦学习，钱钟书终于拿到了牛津大学文学学士学位。当然，期间也免不了不少波折。牛津的论文口试难度很高，如果没能通过那就拿不到学位证书。钱钟书虽然通过论文口试，但是论文则需重写。

1937年8月，就在圆圆出生后的第一百天，杨绛和钱钟书带着女儿离开牛津，前往法国巴黎大学继续他们的求学生涯。

圆圆是他们女儿的小名，因为称呼起来特别顺口，意思也好，所以一直叫着。圆圆的真名叫钱瑗。她刚出生时就经历了一段危险时期。新生婴儿的第一声哭喊是非常重要的。宝宝在母体内时，通过脐带与母体连接，肺部是不需要呼吸的。婴儿的第一声哭喊则证明宝宝的肺部已正常运作，能够进行独立呼吸了。然而，圆圆却一直没有哭。这是非常危险的。护士们使出了浑身解数终于让她哭了出来。她的哭声很响，犹如一声巨雷打破这寂静的产房。所以，护士们称她为"高歌小姐"。

相比两年前来牛津求学时的情景，这一次，他们是放松的。由于对未来的迷茫，在经历了漫长的海上航行后，心中的那些憧憬变得有些许模糊，那时如同身处一片陌生的树林，四周迷雾渐起，遮蔽了天空和阳光，你永远不知道前方会是什么样的地方，你也不知道一路上会遇到多少困难，但是你必须大步向前。现在不同了，因为他们是确定的，而且他们有了一个女儿。任何一个女人在荣升为母亲的时候，她的内心便会变得异常坚定，即便电闪雷鸣也无法将她击垮。

渡轮抵达法国后，一位港口管理人员走上了船。在拥挤的人群中，他一眼就看到了抱着孩子的杨绛。他让杨绛先下船，其余人则依次排队下船。过海关的时候，工作人员也对他们非常友好，很快就给了一个"通行"。这是法国留给杨绛最深的印象。

来迎接他们的是盛澄华。他不仅帮他们办理好了入学手续，还帮他们找好公寓。公寓的条件很好，女主人咖淑夫人待人也挺好，而且烧得一手好菜，杨绛和钱钟书都赞不绝口。虽然杨绛有自己的厨房，但是一开始，他们还是选择在咖淑夫人家吃。她家的饭菜很丰盛，菜品的种类很多，光是吃一顿饭几乎就要花费两个小时。杨绛觉得很不合算。饭菜的价格很便宜，他们完全可以接受，只是觉得有点浪费时间。后来杨绛就自己做饭了。

　　巴黎大学的中国留学生很多，其中有一对夫妇林藜光、李伟是杨绛在清华时的同学。恰巧他们有一个刚出世的儿子，与圆圆是同年同月生。杨绛经常和李伟一起聊天，多半还是讨论孩子。巴黎大学的很多学生有了孩子后都寄养在乡间或者送入托儿所，因为他们实在没有时间抚养。说到这个问题时，李伟认为有能力还是自己抚养为好。她听说孩子们在托儿所里很不自由，什么事情都只能在规定的时间内完成，超过了时间就不能做了。这让她感到很心疼。杨绛也是这样认为。当杨绛还不是一个母亲的时候，她也想过把孩子寄养在别人家，自己和钱钟书则一起在学校读书；如今她已是一个母亲了，连她自己也没有想到，自己看待问题的态度竟然转变得如此之快。

　　邻居住着一个公务员太太，她的丈夫经常出去工作，留下她自己一个人待在家里。她没有孩子，经常来杨绛家串门，也喜欢抱抱圆圆。她很想把圆圆带回乡间抚养，为此，她特地给杨绛描绘了一幅唯美的乡间图画：绿色的蔬菜、新鲜的牛奶、蓝天白云、青山绿水……当然，杨绛并没有答应。那位公务员太太还把圆圆睡觉的小床搬到她家，那天晚上圆圆就在她家过夜。圆圆一反常态，睡得很安稳，可是杨绛和钱钟书却一晚没有合眼。

　　在巴黎大学读书的这一年是杨绛和钱钟书最自由的一年。这与巴黎大学崇尚自由的人文精神密不可分。钱钟书可以适当地放下繁重的学业，专心于阅读。他的阅读范围很广，法文、德文、日文、英文、意大利文等都有涉猎。杨绛则把自己的重心放在孩子上，毕竟孩子还未满周岁。一年之后，她发现自己的法文水平竟然落后于钱钟书了。不过，她全然不在乎这些，她在乎的是圆圆的每一个第一次，以至于时隔数十年，她仍能清晰地回忆起当时的点点滴滴：

　　我把她肥嫩的小手小脚托在手上细看，骨骼造型和钟书的手脚一模一样，觉得很惊奇。钟书闻闻她的脚丫，故意做出恶心呕吐的样儿，她就笑出声来。她看到镜子里的自己，会认识是自己。她看到我们看书，就来抢我们的书。我们为她买一只高凳，买一本大书——丁尼生的全集，字小书大，没人要，很便宜。她坐在高凳里，前面摊一本大书，手里拿一支铅笔，学我们的样，一面看书一面在书上乱画。

三、归国:

哀望江南归故乡

心若幽兰 品如秀竹
杨绛传

哀望江南

白骨堆山满白城，败亡鬼哭亦吞声。

熟知重死胜轻死，纵卜他生惜此生。

身即化灰尚贵恨，天为积气本无情。

艾芝玉石归同尽，哀望江南赋不成。

这首《哀望》是钱钟书于1938年所写的。当时日本侵华战争全面爆发，乌云蔽日，山河破碎，百姓更是流离失所、妻离子散。

当杨绛还在牛津医院待产的时候，她还能与远在大洋彼岸的父母通信，可后来便与父母失去了联系。

在第二次世界大战爆发之前世界还是一片祥和，然而这种平静并没有维持多久，随着法西斯国家的侵略，和平被逐步瓦解。

1937年秋，日本侵略军对苏州发起了空袭。此时，中国已是破碎不堪，主权割让，经济萧条。苏州杨家只剩下杨荫杭、唐须嫈、杨寿康和杨必四人，其余人或在外上学，或出国留学，或结婚居于外地。枪林弹雨间，四人无处躲藏，前院后院来回跑，小小的杨必竟害怕得肚子疼。

次日，杨荫杭带着唐须嫈和两个女儿以及两个妹妹逃往香山，暂居在朋友家中，他们终于可以暂时摆脱担惊受怕的日子。只可惜不幸的事情再次发生了，没过多久，苏州全面失陷，香山一带成了抗战区。杨家暂住的房子在炮火线内，那就意味着战争一旦打响，他们便是首当其冲。更不巧的是，唐须嫘病倒了——她得了严重的疟疾，高烧不退，一直昏迷不醒。

所有的邻居都跑走了。以唐须嫘的状态，她已经经受不住旅途的辛劳了。杨荫杭和杨寿康不愿离去，即便被炮火炸成一片废墟，他们也要守护在唐须嫘身边。当时杨必只有十五岁，杨荫杭不忍年少的女儿就此结束生命，让她和自己的两个妹妹离开香山。这样或许能够保住她们三人的性命。但是杨必无论如何也不肯离开，与其让她苟且偷生，她宁愿与父母共存亡。然而唐须嫘还是没有撑下去。就在战争打响的前夕，她在疾病中离开了人世。杨荫杭用仅有的几担大米换得一具棺材，将其入殓。

天空中乌云密布，雨水不停地落下，一声声雷鸣像是天空在哀嚎。杨家在香山附近没有自己的土地，只得向别人借了一方土地，才将唐须嫘的遗体入葬。那天，军队正在撤退，几人抬着棺材在人群中穿梭。那是一幅怎样的凄凉画面啊！

入葬时，杨荫杭忍不住失声痛哭。他在棺材外面砌了一个小房子，以免棺材日晒雨淋。然后在棺材盖上、房子壁上、土地上、砖块上、树皮上写满了"杨荫杭"三个字。他希望等战争平息的那一天能够回到这里找到唐须嫘的棺材将她接回，而这些字，是他能够留下的唯一线索。在万般无奈之下，他只得带着剩下的人挥泪离去。

那时正是秋冬交替之际。

一路上，他们去了很多地方，但都没有找到一个容身之所。在那个兵荒马乱的年代，原本是老百姓安居乐业的家园，几乎都沦为了侵略者的殖民地，亦或者成为土匪强盗的聚集之所。所以，他们还是决定回到苏州老家。他们怎么也没有料到，进苏州容易，出苏州却难如登天。

当时苏州已被日军占领，大街小巷里都有日军巡逻。一到下午，他们就开始挨家挨户搜刮民脂民膏，更有甚者则强抢民女。杨寿康和杨必则剃了光头，以免被日本兵认出来。但是，当日本兵破门而入时，她们还是吓得躲进了柴堆里。杨荫杭曾在日本留过学，会说日语，尚能与日本兵周旋，否则日本兵一旦进屋肯定是会发现她们的。

在那个日军猖獗的年代里，几乎所有人都是委曲求全的，不敢多说一句话，生怕招来杀身之祸。即便日本兵犯下了滔天的罪行，那些手无寸铁的老百姓也只能选择紧闭房门，躲在墙角里不敢作声。不过，这全然不是杨绛的三姑母杨荫榆的作风。她实在看不惯邻家的姑娘被日本兵欺负，于是只身去找日本军官理论，甚至不止一次地责备他们。她的强硬态度换来了片刻安宁。那些日本兵还真把抢走的财物退回来了。这件事很快就传开了，大家称赞她有胆识、有魄力。附近的姑娘们都纷纷来投靠她，以为这样便能保自身安全。

然而木秀于林，风必摧之。那些日本兵早就对杨荫榆恨之入骨了。1938年的元旦，她被两个日本兵带出了家门。在经过一座桥的时候，其中一个日本兵朝她开了一枪，并把她推入河中。这一枪并没有要了杨荫榆的命，她还能勉强地在河里游泳。可是丧心病狂的日本兵并没有善罢甘休，他们举起步枪，瞄准她的身体连射了几发子弹。鲜血从她的身体里流出，瞬间染红了河水。那两个日本兵这才满意地离开。几个好心的邻居趁着日本兵不在的时候偷偷将她的尸体打捞起来入殓，以表示对她的敬意。

这就是杨荫榆的一生。在世的时候，她曾任北京女子师范大学校长，截至当时，她是唯一一位女大学校长。谁也没有想到，十数年之后，她会以这样的方式告别这个世界。她的一生可以用惨淡收场来形容。

杨荫杭的一个朋友当时在苏州维持会工作。杨荫杭在他的帮助下，想尽了办法才给远在上海的杨闰康传了信。杨闰康得知此事后，与丈夫何德奎托了上海的一位知名企业家才将杨荫杭三人接到上海。逃出苏州时，他们的惨状自是不必形容的，浑身上下最值钱的只剩下几件破旧的衣服和一个手拿包。

家里人怕杨绛担忧伤心，一直没有把唐须嫈过世的消息告诉杨绛。后来，三姐杨闰康曾给远在巴黎的杨绛写过几次信，也绝口不提母亲的事情。然而，细心的杨绛还是在字里行间中发现了端倪：杨闰康寄来的书信里总少了些东西，至于是什么东西，她也说不出来。后来她从大姐那里得知，母亲已经不在了。

　　唐须嫈的一生平淡无奇，她几乎每天都在做同样的事情，但她毫无怨言，她总是竭尽全力照顾好丈夫和儿女，打理好整个大家庭。在杨绛的记忆中，母亲只是一个忙碌的背影。

　　女儿做母亲，便是报娘恩。在杨绛还是一个姑娘的时候，她认为母亲对她的关心很少，印象中的母亲永远在忙自己的事情，对她的事甚少过问。当为人母时，她方才知道，母亲对自己的爱是渗透到血液当中的。只可惜她再也没有报娘恩的机会了，她甚至没能见上母亲最后一面。每每念及此处，她痛心疾首。

　　杨绛想起父母之间的一件小事。

　　唐须嫈对杨荫杭说："我死在你前头。"

　　杨荫杭回答说："我死在你前头。"

　　唐须嫈思索了片刻，说："还是让你死在我前头吧，我先死了，你怎么办呢？"

　　这似乎是他们二人的约定，只可惜唐须嫈的心愿并没有实现，终究还是留下杨荫杭先走了。

　　无论如何，一个人的一生中如果能遇到一个爱自己懂自己的人，那么这个人就是幸运的。这样想，也许杨绛会心安些。

归心似箭

　　第二次世界大战全面爆发，世界反法西斯同盟奋力抵抗，作为主战场的中国自然是战火连天，支离破碎。听闻国家蒙难，家人颠沛流离，杨绛和钱钟书未等取得巴黎大学博士学位便毅然选择回国。他们的奖学金完全可以支撑到博士毕业，但是学位已然不能成为他们留在法国巴黎的缘由。于公于私，回国是他们必然的选择。

当时巴黎并不平静，想要买几张去往中国的船票更是难上加难。身处异国他乡的杨绛和钱钟书遍寻亲友，终于托法国里昂大学买来了船票。1938年秋季，杨绛和钱钟书携幼女钱瑗乘坐邮轮返回祖国。

相比出国时的情景，这次旅程显得分外沉重、压抑。船上的伙食很不好，几乎每餐都吃土豆泥。上船前圆圆还是白白胖胖的，下船时却瘦了一圈。因为行程匆忙，杨绛忘了给她准备一些牛奶，为此，她后悔不已。

不管风吹浪打，我自坐直了身子，岿然不动，身直心正，心无旁顾，风浪其奈我何？

这是杨绛总结的防治晕船的办法，亦是她的人生哲学。

经过数十天的海上航行，邮轮终于即将抵达中国。在此之前，钱钟书已被清华聘为教授。所以，在邮轮经过香港的时候，他独自带着行李乘小渡船先行离开，前往云南昆明的国立西南联合大学任教。杨绛则带着圆圆继续她们的行程。看着父亲远去的背影，年幼的圆圆竟然开始发愣。她虽然无法用言语表达自己的意思，但她却能切实地感受到离别带来的悲伤。面对这样一种场面，一时间杨绛竟不知如何向女儿言说。

自1937年卢沟桥事变始，日本发动了全面侵华战争，中国人民浴血奋战。为了让中国的教育事业免遭破坏，华北高校纷纷向西南方向迁移。当时，北京大学、清华大学和南开大学同时迁往长沙，成立国立长沙临时大学，后迁至云南昆明，改名为国立西南联合大学。

杨绛和圆圆随邮轮抵达上海，钱钟书的弟弟将其接回钱家。在那个时局动荡的年代，钱家亦是深受迫害。钱钟书的父亲钱基博原本在浙江大学任教，由于苏浙一带受日军迫害严重，于是举家迁往上海。

当时的上海是多方势力的集散地，鱼龙混杂，也正是因为这种格局的出现才使得上海成为表面风平浪静实则波涛暗涌的地方。几乎全国各地的难民都往上海聚集，一时间上海人满为患，住房成了最大的问题。上海的房价已是高得出奇，钱家好不容易才在上海辣斐德路找到了一个容身之所，一大家子的人都挤在了一起。

杨绛急着去见父亲，于是只在钱家住了一个晚上便带着圆圆去见父亲和姊妹。当她第一眼见到父亲的时候，她惊呆了，除了小时候父亲得了伤寒病危的那一次，她从未见过如此面容憔悴、形容枯槁的父亲。父亲刮去了胡子，一改旧日的形象。他终日抑郁难眠，只能依靠安眠药。后来他才戒了药，身体慢慢恢复过来。

钱钟书曾回过一趟上海。他在西南联大办理好报到手续后便回家看望家人，并将其父钱基博送往湖南蓝田师院。在家停留了几天，他便收拾行李返回西南了。

后来，杨绛的父亲带着大姐和小妹搬到了姨表姐家。杨绛也带着圆圆搬了过去。她这才有了一个容身之所。姨表姐家在霞飞路来德坊，离辣斐德路很近，因此杨绛经常往返于钱杨两家。

"孤岛"岁月

（一）

自1937年8月始，中国军队70余万人在上海附近与日军发生了长达三个月的淞沪会战，损失惨重，并于同年11月12日撤出上海。除租界外，上海其余各地均被日军占领，租界均在日军势力的包围圈内，法租界也不例外。因此，这片区域成了"孤岛"。

苏州沦陷后，振华女校也没有逃脱停办的命运，校长王季玉准备在上海筹建分校。得知杨绛已返回上海，她专程登门拜访，与杨绛商讨建校事宜，希望能聘请杨绛为上海分校的校长。杨绛连忙推辞，她深知自己资历尚浅，担不起如此大的责任。王季玉却不以为然，杨绛是她的得意门生，她深知杨绛的品性，把学校交给杨绛她是放心的，若是换做别人，她是万万不会同意的。

杨绛并没有当场答应王季玉的邀请，而是请教了父亲。杨荫杭半生混迹官场，他深知官场里的人大半都是居心叵测的，与这样一群人打交道甚是累人，一不小心就会中了对方设下的圈套。对于官场，他早就心生厌恶，与其做一个管理者，他更愿意什么也不当，安心做自己的学问，谁也挨不着。然而这一次，杨荫杭却一改常态，他极力支持杨绛担任振华女校上海分校的校长。这是他对振华女校办学精神的敬仰，亦是对王季玉校长的信任。

开办学校并不是一件容易的事情，所有的工作杨绛都必须亲力亲为。在王季玉的帮助下，准备工作才勉强进行下去。杨绛忙于建校事宜，一直不得空。用杨绛自己的话说就是"狗耕田"。幸亏圆圆又乖又听话，才没让她分心。

1939年暑假前，钱钟书从昆明发来电报，说是即将回上海。在这一年中，两人相见的次数屈指可数，大多都是通过书信互诉衷肠。

钱钟书回到上海后，杨荫杭特地腾出了一间房间给杨绛和钱钟书居住。钱钟书倒也乐意住在杨家，虽然其父远在湖南，不在家中居住，但家中已是人满为患。更何况，杨家与钱家也相距不远，他可以时常来往。有一件事情是他每天必须做的，那就是去辣斐德路的钱家看看。杨绛则一直忙于筹措建校，甚少与钱钟书一同回钱家。

在上海居住的这段时间里，钱钟书的心情一直是愉悦的：他天天能见到自己最在乎的几个人。用杨荫杭的话说就是"全挤在一块了"。可是有一天，他却忧心忡忡地从钱家回来。杨绛见情形有些异常，便问他发生什么事了。钱钟书告诉杨绛，他的父亲从湖南来信了，说是蓝田师院有意聘请他为英文系主任，希望他可以过去任教。父亲还特地在来信上说自己年老体弱，思念钟书，可碍于工作原因不能回上海与他相见，心有遗憾。家里人也希望他可以去蓝田师院任职，这样也可以照顾年迈的钱老先生，出门在外，两人相互有个依靠，大家是放心的。这让钱钟书陷入左右为难的局面：在清华工作是他的理想，可父亲和家人的话他也没有推脱的理由。

杨绛却认为钱钟书不应该放弃清华而选择蓝田师院。诚然，照顾父亲是为人子女的责任，但也不能因此而放弃自己的职业理想，辜负清华对他的期盼。钱钟书只是一个留洋归来的学生，以他当时的资历在清华只能当一个讲师，然而清华却破格升他为教授，与著名教授华罗庚等人齐名，待遇也与他们相同。这对钱钟书来说是一份莫大的关爱与认可。更何况，巴黎归来至今，钱钟书在清华任教未满一年，实在没有理由辞职。

在这件事情上，两人的意见稍有不同，但他们并没有争吵。关于吵架，他们有自己的约定。他们曾经就因为一件小事而吵架，这让他们明白，吵架只会伤感情，并无其他益处。在出发去牛津大学留学时，两人就因为一个单词的发音不同而发生争执。两人都觉得自己的发音是正确的。之后，他们找了一个法国人做裁判。结果杨绛赢了，可她却怎么也高兴不起来；钱钟书输了比赛自然也是闷闷不乐。所以，他们都认为吵架毫无必要，遇事商量即可。当然也不是一个人说了算，有时候杨绛做主，有时钱钟书做主。但是在钱钟书的择业问题上，杨绛觉得自己不该让步。

钱钟书回钱家后，杨绛还是有些拿不定主意。为此，她特地请教了自己的父亲，期望从父亲那儿可以得到一些启示。出乎意料的是，杨荫杭听完后却什么也没说。以往在杨绛遇到事情的时候，他虽然不会直接教杨绛如何做决定，但他会通过言语去引导。可这一次，他却选择沉默。

父女之间果真存在着某种感应，即便面对着沉默的父亲，杨绛依然能够领会得到他的用意。她终于明白了一个道理：择业对于任何人来说都是一件大事，应该由他本人抉择。而自己呢？自己虽然是他的妻子，但是没有权力帮他选择他的人生。

杨绛稍有空闲的时候，便和钱钟书一起去往辣斐德路。刚一进门，杨绛便觉得情形有些不太对劲。钱钟书的母亲、叔父、兄弟姐妹坐满一堂，但都不说话，看着他们夫妻从门口进来。气氛异常压抑，仿佛空气都要结冰了，唯一能让杨绛感觉到还有生命的是大家的呼吸声。对面着这样一种沉重的氛围，钱钟书全然没有了辩解的动力。他是一个非常传统的人，面对着年迈的父亲的请求，他没有拒绝的理由，只能应允。杨绛自然什么也没说，她知道，如果这时候还力劝钱钟书留在清华，只会给他增添烦恼，而且无济于事。她从心底同情钱钟书的处境和遭遇，希望自己的这份沉默不会给他增加烦恼。

在过去的一年中，这个暑假是杨绛和钱钟书相处最长的日子。她原本想趁着这段日子好好跟钱钟书过一个难忘的假期，只可惜自己事务繁忙一直无法抽身，现在又闹了这样的事情，两人都没了心情。

钱钟书终究还是接受了父亲的建议，答应前往湖南蓝田，但他一直不知道该如何向清华请辞，无论如何都是自己理亏。九月中旬，他见事情不能再拖延了，于是拿起笔给外语系主任叶公超写信。书信中，他将父亲的情况作了说明，并附上自己的请求，希望校方可以同意他暂时离开一年。他并没有给梅贻琦校长写信，原因是他盼望着明年自己还能够返回清华任教。

可是他们迟迟没有等来叶公超的回信。钱钟书以为清华方面已经帮他办理好了离职手续，在十月中上旬，与同事一起从上海出发，前往湖南蓝田。

钱钟书刚走一两日，杨绛就接到梅贻琦校长的秘书沈茀斋电报，责备钱钟书为什么不给梅贻琦校长回电报。杨绛看得一头雾水。在此之前，他们根本没有接到清华方面发来的电报。她即刻给沈茀斋发了电报，道明缘由，并给钱钟书写了信，寄往蓝田师院，沈茀斋的电报也随信附上。

钱钟书在路上走了三十四天，到达蓝田时已是一月之后。他得知这件事情后，即刻拿起笔给梅贻琦和沈茀斋回了信，表达自己的歉意。他对梅校长一直心怀愧疚。于一个刚出校门的新人而言，清华愿意破格聘任他为教授，这是一份天大的恩赐，而自己却选择离开清华，甚至没有写信告知梅校长。梅校长并没有心生怨恨，反而两次发来电报询问钱钟书近况，这让他深受感动，同时也佩服梅校长的气度。然而，不知什么原因，梅校长的第一封电报他们没有收到，第二封电报又偏偏晚了几天。阴差阳错之下，钱钟书离开了清华。

（二）

秋季，振华女校上海分校也正式开学了。杨绛把所有的精力都放在了办学上。学校师资力量匮乏，新招聘的几位老师还不能满足学校的需要，杨绛自己也担任高三班的英语教师。上课期间，她既要备课、教授英语课程，又要管理学校的日常事务，下课后，她还要为一位学生补习高中课程。这让她精疲力竭。不过，在面对自己心向往之的教育事业时，她丝毫没有懈怠。值得庆幸的是，学校在杨绛的管理下逐渐步入正轨。

杨绛几乎每天都是早出晚归，圆圆则交给父亲带。圆圆倒也十分乖巧，跟她讲道理，她听得进去，家里人都很喜欢她。三姐和七妹时常也会带着孩子来来德坊，家里倒也热闹。圆圆的肠胃一直不好，容易吃坏肚子。杨绛就把她不能吃的东西品类罗列出来，告诉她什么能吃什么不能吃。她能够控制住自己，别人在吃的时候，她能安静地在一旁玩耍。渐渐地，大家也都习惯了，有时候吃东西时甚至会忘了叫上圆圆。

一次，一个学生送了杨绛一些白沙枇杷。在当时，这可是难得的上等水果了。杨绛担心圆圆会吃坏肚子，所以没敢给她尝，只叫她在一旁玩，自己则和众人分享这些水果。众人正吃得高兴的时候，圆圆跑过来拉扯杨绛的衣服，眼泪已经润湿眼眶。杨绛不禁有些心疼。

杨绛住的房子是她的姨表姐让出来的。当时杨荫杭带着两个女儿来到上海，人生地不熟，姨表姐觉得租房不太方便，特地腾出三楼给他们居住。三姨妈住四楼，自己则和家人住二楼。

钱钟书离开上海的时候圆圆还未懂事，也许她能够体会分别的痛苦，但由于年少，转眼间也就不记得了。这个时候，她已经会爬楼梯了，平日里也知道如何自得其乐，极少让家人费心。圆圆经常跑去四楼看小表姐，见她在读《看图识字》，她也坐在一旁听得津津有味。她喜欢听小表姐朗读，所以常常跑到楼上去。

杨绛见女儿如此喜欢这套《看图识字》，便去书店买了一套回来。圆圆自然是非常兴奋，拿起新书来看。大家都跑去看圆圆朗读《看图识字》，但很快，众人就发现一个问题：圆圆虽然能够一字不差地读出书里所有的字，但她手里的书是倒着拿的。起初，大家还以为圆圆是因为听人朗读的次数多了所以记住了，后来才知道事情并不是这样的。原来，圆圆每天听小表姐朗读的时候都是坐在她的对面，圆圆看到的字自然是倒着的。因此，她只会看倒着的字，不会看正着的字。这让大家都很担心，不过大家很快就帮她纠正过来了。

对于圆圆，杨绛心里是有愧疚的。由于忙于工作，一直忽略了自己的女儿，因而没有在她最需要的时候出现在她的身旁，没有给她足够的母爱。

1940年暑假前钱钟书从湖南寄来信件，说是自己即刻便会启程回上海。这个消息如同一块小石子投入湖水中，让平静的湖面荡起了涟漪。生活平淡的杨绛得到这个消息后自然是喜出望外，期盼着钱钟书能够早日归来。

同时，杨绛的弟弟杨宝俶也从维也纳医科大学毕业了，不日便可归国。弟弟回来，杨绛自然是高兴的，但是杨家原本就寄居于来德坊，家中人数众多，待钱钟书归来后，自己一家子实在不方便住在这里了。于是，她就在辣斐德路的弄堂里租下了一间空屋，自己带着圆圆先搬到那儿去。

临行前，杨荫杭不忍外孙女离去，凑到圆圆的身边，轻声对她说："搬出去，没有外公疼了。"

圆圆已经懂得了不少道理，听到这话后，眼泪就掉了下来。

杨荫杭也流下泪来。

钱钟书在回沪的途中道路遇阻，无法通行，无奈之下只能返回蓝田。杨绛和圆圆在辣斐德路住了一个月后便退了房，重新回到父亲身边。

杨荫杭身体康复之后到震旦女子文理学院教授《诗经》，工作倒是清闲。不过，最让他放心不下的是远在香山的唐须嫈的棺材。他在灵岩山"绣谷公墓"买了一块墓地，决心要将唐须嫈的棺材运回来安葬。这件事必须由他亲自完成。一来，这是他的心愿，如果他不参与，一定会悔恨终身；二来，除了他，谁也不知道棺材的具体方位。

秋去冬来之际，杨荫杭带着众儿女回了一趟苏州老家。由于火车晚点，到达苏州时已是晚上了。众人准备在附近的一家餐馆吃饭。但他们走进餐馆时才发现这个时候已经过了营业时间，老板准备打烊了。最终他们还是在这家餐馆吃了晚饭，原因是老板觉得他们面善，细想之后才知道自己曾经给杨家做过宴席。当晚，店老板特地为他们下了面。这是只有老主顾才能够享受到的待遇。

吃完晚饭后，众人在杨荫枌家过了一夜，第二天回自己家整理物品。他们刚一进门就惊呆了，院子里一片狼藉，俨然一幅被扫荡一空后的画面。年少时父亲专门为杨绛修建的秋千架已经散架了；院子里父亲栽种的二十棵桃花树如今已被夷为平地；玉兰和海棠由于无人修剪，已经没有了当时的形状，枝丫丛生；篱笆脚的玫瑰和蔷薇早就枯死，只剩下发黄的枝干；当时最受杨荫杭喜爱的方竹也已经变形了。院子里失去了往日的生机，亦失去了往日的欢声笑语。年少时，众兄弟姐妹在这里抓蜘蛛、抓鼻涕虫、摘甘露花的情景还历历在目，只是转眼间，每个人都已长大成人，而且母亲已经不在了。

门上的油漆已经斑驳，树叶褪去了昨日的颜色，不给人留下一丝绿意。屋子里凌乱不堪，所有的抽屉都打开着，衣物到处都是。面对着这样的场面，杨荫杭叹了口气，他心想，妻子不来这里看看是对的，否则她一定受不了。的确，谁也忍受不了自己经营了半辈子的家竟然成了废墟。众人只得收拾心情，将剩下的物品做了归类。

这里简直可以用满目疮痍来形容。杨绛看着眼前的一切，心里很不是滋味，以前一家人其乐融融的时光已不复存在，而且也不会再拥有，即便把所有姐弟都聚齐，也找不回当初的感觉了。因为无论如何，总是缺少一个人。相比之前，如今物已非，人亦非。

来年暑假，钱钟书趁着假期辞职回了上海。一路上，他先走陆路再走水路，穿过千山万水，到达上海时已是狼狈不堪。他的身形消瘦了很多，皮肤黑了不少，头发也长长了。他穿着一件老式长衫，全然不像一个喝过洋墨水的人。

在蓝田师院工作的这两年里，他的生活并不是很顺心。他和杨绛时常有书信往来，他偶尔也会在信中向杨绛诉苦，想必是受了委屈。

杨绛和圆圆早已在一旁等候了。以往钱钟书从外地回来的时候，圆圆总是兴奋的，可这一次她倒显得有些拘谨了。钱钟书在湖南待了两年。这两年里，小小的圆圆似乎已经忘记了父亲的模样，或许也已经忘记了父亲这个人了。

在得知钱钟书即将回沪的消息后，杨绛便开始搜寻房屋出租信息，可是她找遍了上海滩也没有找到合适的房子。最后，她只得带着圆圆搬到辣斐德路的钱家。

接了钱钟书后，三人一同回了钱家。晚饭是在钱家吃的。晚饭过后，众人还坐在餐桌旁。圆圆终于忍不住了，对钱钟书说道："这是我的妈妈，你的妈妈在那边。"

听到这话后，钱钟书不禁发笑了。然而，这也恰恰说明自己对女儿的生活关心甚少，心中难免有些愧忏。他说："我倒问问你，是我先认识你妈妈，还是你先认识？"

圆圆却说了一句让大家都很吃惊的话，"自然我先认识，我一生出来就认识，你是长大了认识的。"

　　杨绛听完后有些哭笑不得，但她心里是高兴的，她怎么也没有想到圆圆竟然会说出这样的话来，谁也没有教过她。杨绛对这句话印象很深，每一个字都记得特别清楚，以至于到了暮年时，她还能清晰地回忆起当时的场面来。

　　正当杨绛为钱钟书暗自担心时，他却若无其事地凑到圆圆的耳边说了句话。圆圆立马转换了态度，开始对钱钟书亲昵起来。至于钱钟书说了什么话，杨绛并不知情，她虽然很想知道，但一直没问出口。这件事情在她心中成了一个美丽的秘密。

　　在钱钟书归来之前，圆圆一直都是非常安静的，无论是在钱家还是在杨家，她总是沉默着，家人让她做什么，她便做什么，从来不会反驳。可现在不同了，她每天和钱钟书一起嬉闹，性格开朗了不少，脸上也多有笑容。这一切杨绛都看在眼里。也许在圆圆心中，她一直期盼着自己能有一个爱护她、保护她的父亲。时隔多年，这位聚少离多的父亲终于回到她身边了，她能不开心吗？

　　钱钟书这次回上海其实另有目的。他还在蓝田师院的时候便收到清华的信息，说是系里通过表决，有意重新聘请他回校任教。这让他喜出望外。他即刻辞去了蓝田师院的职务，返回上海，等待清华的聘书。可是不知什么原因，钱钟书在家里等了一段时间后，聘书仍是迟迟未到。据悉，当时清华聘请钱钟书一事是确有其事。

　　钱钟书的弟弟妹妹们都已经外出工作了，辣斐德路的钱家突然清净了不少，不过这份清净也让他有些不安。临近

开学，他还没有收到清华的聘书，而且他也回不了蓝田师院
了。如此说来，他就要失业了。他曾向时任暨南大学英语系
主任的陈麟瑞求职，可系里的教师已经满额，自己要想进去
就有一位教师要退下来。钱钟书得知详情后立刻谢绝了友人
的好意。虽然他跟那里的老师素未谋面，但是他不想因为自
己而让别人丢了工作。

十月，学校已经开学了，清华方面终于有了眉目。然
而，他盼来的并不是聘书，而是清华的英文系主任陈福田。
陈福田当时在上海办事，于是便到钱钟书家里与他当面交
谈。钱钟书早该料到了，自己迟迟没有收到清华的聘书或是
有人从中阻挠。事已至此，他觉得自己再去清华也没多大意
思。于是婉言谢绝了陈福田的好意。看到钱钟书不愿回清华
后，陈福田便离开了。

钱钟书算是真正的失业了。在风起云涌、动荡不安的上
海，一个家庭如果没有稳定的收入，那是无法生存的。杨荫
杭不忍女婿终日无所事事，把自己在震旦女校的授课工作转
交给了钱钟书。钱钟书在经历了人生的跌宕起伏后明白了一
个道理：一家人同甘共苦胜于离别。他说：

从今以后，咱们只有死别，不再生离。

就此，他们三人在上海辣斐德路一起生活了八年。

四、创作：
适逢乱世显才华

心若幽兰 品如秀竹
杨绛传

双生喜剧

（一）

一个人的成功并非只是偶然，其中也包含了很多必然的因素。有不少人总期待着天上掉下馅饼，可即便天上真能掉下馅饼来，也要看这个人能否接得住。我们看到的是别人成功的那一刹那，我们看不见的是别人背后的努力。十年铸剑，不露锋芒。通往成功的道路是蜿蜒而艰辛的，并非在一朝一夕之间。

常言道：读万卷书不如行万里路；行万里路不如阅人无数；阅人无数不如名师指路；名师指路不如自我顿悟。诚然，这几个步骤是有递进关系的，但是这并不意味可以跳步。一个人如果胸无点墨，成日静坐冥想，这是不行的，这也恰好印证了杨绛的一句话：你的问题主要在于读书不多而想得太多。光是有名师指路而缺乏主观能动性，亦成不了大事。所以，读万卷书是基础。读书除了增长见闻，亦可以磨炼一个人的耐心和恒心。

杨绛年少时曾两次往返于京城与江南之间，到不同的学校求学，阅读了不少书籍；大学毕业后，与钱钟书一起到牛津大学和巴黎大学求学，开拓了视野。于杨绛而言，读万卷书、行万里路和阅人无数她都已经完成了，在通往戏剧创作的道路上，她正缺一位名师指路。

钱钟书在震旦女子文理学院任教时经常与好友陈麟瑞、李健吾、柯灵等人来往。于杨绛而言，陈麟瑞更是她的良师益友，也是开启她戏剧人生的一个关键人物。陈麟瑞与杨绛是校友，同毕业于清华大学，他曾在美国等多个国家留学，归国后在各大高校任教，对戏剧颇有研究。后来，在钱钟书的介绍下，到震旦女子文理学院任教，两人成了同事。谈起陈麟瑞，杨绛说：

> 抗战期间，两家都在上海，住在同一条街上，想去不过五分钟的路程，彼此往来很密。我学写剧本就是受了陈麟瑞同志的鼓励，并由他启蒙的。

一次，陈麟瑞摆庆功宴，请杨绛、钱钟书和李健吾一起赴宴，庆祝自己的戏剧《晚宴》首次登台演出。期间，他见杨绛学识渊博，说起话来头头是道，尤其是对故事情节的把握很是独到。于是，他就对杨绛说："何不也来一个剧本？"

杨绛实在没有想到自己能够得到陈麟瑞的赏识，听到这话后，她也颇为震惊。杨绛连忙推辞，说自己在剧本创作方面没有任何经验，若是小说也就罢了。陈麟瑞却再三鼓励，希望杨绛可以尝试着写写。考虑到当时的处境，杨绛也决定试试看。

当时杨绛已不在振华女校任教了。1941年12月7日，日本军队偷袭了珍珠港，第二次世界大战的硝烟蔓延到美国上空，太平洋战争爆发了，上海彻底沦陷了。振华女校上海分校就是在那个时候停办的。几经周转，杨绛到了工部局半日小学任代课教师。有了这份薪水，他们在"孤岛"上的生活不至于太拮据。工作之余，她也编写剧本。她回忆说：

《称心如意》上演，我还在做小学教师呢。

虽然这份工作的薪资不低，每月还有大米发放，但是学校离辣斐德路很远，那就意味着杨绛很早就要从家中出发，坐很长一段路的公交车，才能赶在上课之前到达半日小学。有好几次，她都在车上累得睡着了。

在那段非常时期里，日本军队对上海控制得异常严格，几乎在各个紧要路口都设有关卡。来往车辆在经过关卡时都得接受检查，车上所有人必须下车，等过了关卡后方可回到车上。任何人在面对这样的场面时都会害怕，担心自己言行不当而惹得日本兵生气。对日本兵来说，人命犹如草芥，分文不值，可以随时取人性命。作为百姓，他们根本无处喊冤，只能忍气吞声。

行人在经过关卡时需要向日本兵鞠躬行礼。杨绛非常不赞成这种做法，由于局势所迫，她又不得不这么做。所以，当需要向日本兵行礼时，她都只是点点头，蒙混过关。

有一次，她点头的时候慢了一点，有个日本兵马上就发现她了。那个日本兵走到她的面前，强行将她的头抬了起来。杨绛勃然大怒，眼睛直直地看着日本兵，大声喊道："岂有此理！"

这四个字犹如一道闪电直击众人的心脏。四下鸦雀无声，众人屏住呼吸，目光直直地投向杨绛，想到不久之后她就会成为日本兵的枪下亡魂，心里又为她感到惋惜。那个日本兵也愣住了，他不曾料到，中国群众中竟然会有一个女人敢挺身与他对抗。他恶狠狠地看着杨绛，想要把她吓倒。杨绛当时已是愤怒至极，山河破碎，母亲病亡，这一切无一不跟日本兵的侵略行径有关。她并没有被强权恫吓住，心中的愤怒全部集中在目光中。在那样的环境中，两人相对而视。最后，日本兵转身离开了。

回到车上时，众人开始议论纷纷，都在讨论这是个什么样的人。杨绛也深深地吸了口气。刚才的场面的确是惊险，自己也算是运气好，否则很有可能已经一命呜呼了。想到这里，她不禁有些后怕。之后，她便不坐那趟车了，宁可早点出门走路去学校。

（二）

创作并不是一蹴而就的，任何一种艺术形式的创作其过程都是异常艰辛的。创作者除了付出大量的时间和精力，承受一定的压力，还要独自面对创作时的孤寂。世界上没有一个人比创作者更了解他的作品，所以在遇到瓶颈时，他甚至无人可交流。当他在创作一件作品时，作品本身就会将他和这个世界分开。

杨绛和钱钟书虽然在文学上都有很深的造诣，但是对于剧本，他们是陌生的。杨绛曾把自己写好的剧本拿给钱钟书看，希望能够从他那里得到一些建议。只可惜事与愿违，钱钟书面对剧本同样也是一筹莫展。

思来想去之后，杨绛怀着忐忑的心情，将初稿交给陈麟瑞。陈麟瑞对于戏剧的专业是毋庸置疑的，能够受他指导是一件幸运的事。陈麟瑞看过初稿后，开门见山地指出了不少问题。多数人在受到别人的否定时都会心生怯意，然而杨绛却从没想过放弃。她按照陈麟瑞的修改意见认真修改了稿件，将剧本分成了四幕，在字词上也做了不少修改。

故事讲的是，父母双亡无家可归的李君玉不得舅舅们待见，被他们当作皮球一样踢来踢去，所幸的是，最后老舅公徐朗斋收她为孙女并继承巨额遗产，可以说是"称心如意"。故事情节蜿蜒曲折，虽然主人公的遭遇实在让人同情，但是其中有不少情节也让人捧腹大笑。

陈麟瑞看了修改的剧本后觉得可行，便推荐给了正在征集剧本的李健吾。李健吾拿到剧本后便立即敲定了，之后给杨绛去电话，说是剧本已经安排排练了，导演是黄佐临，他自己也参演。杨绛得到这个消息后自然是喜出望外，家人朋友也替她高兴，但是也唯有她自己知道，自己的感受和别人是不一样的。的确，任何人都想不到一个创作者当时的心境，单用"喜悦"两个字是诠释不了的，其中一定包含着其他的情感。

这也是杨绛第一次使用"杨绛"这个笔名。在此之前，她所写的文章署名都是"季康"。"绛"是"季康"两个字的切音。"绛"在《说文解字》中的意思是大红色：绛，大赤也。杨绛用"绛"字作为笔名或是希望自己可以永远怀有一颗赤子之心，铭记自己对文学创作的初衷，做一个心口如一的人。然而，这已无从考究了。此后，杨绛便一直沿用这个笔名，大家也都尊称她为"杨绛先生"。

在那个时局动荡的年代，戏剧成了生活的一种调节剂，而喜剧则是首选。有不少人排斥娱乐活动，但是对于戏剧，他们是乐于接受的。通过编剧的编撰和演员的演绎，戏剧展现的是另外一种生活场面。

喜剧是一种态度，它往往具有讽刺意味。在人物塑造、情节构思、语言对话中加入不少喜剧元素，使得剧情跌宕、妙趣横生，不同人物的性格也因此而形成了鲜明的对比。举手投足间虽然充满欢声笑语，但也揭发了某些人性的丑恶，引人深思。这就是喜剧的力量，能够在悄无声息间向观众传递一种正能量。人们对喜剧的热爱正是对美好生活的向往。

1943年，日本接管了半日小学。杨绛不喜欢在日本人控制的地方工作，于是辞去了小学教师的职务，开始全心投入创作。

次年，继《称心如意》之后，杨绛的另一部五幕喜剧《弄真成假》亦搬上了舞台。杨绛特地带了父亲和姐妹去剧场看演出，期间众人哄笑不止。父亲问她："全是你编的？"杨绛回答说："全是。"父亲笑了笑，说："憨哉。"

《弄真成假》说的是一个相貌不凡、自诩是名门之后却出身贫寒的男主人公周大璋为了攀上枝头混入上流社会，千方百计地接近地产巨贾张祥甫的千金张婉如，为此不惜抛弃自己的旧情人张燕华。寄身在张祥甫家的张燕华却希望可以嫁给周大璋，在一次酒席上谎称自己与周大璋订婚了。周大璋退而求其次，回家偷了些母亲的首饰，带着张燕华私奔了。路上，他们终于发现了对方的真实身份。由于银两不够，二人只能回到家中。张祥甫不允门楣有失，命二人完婚。

这就是杨绛的戏剧风格，谈笑间发人深省。

《弄真成假》是由同茂剧团演出的。杨绛回忆说：

这年夏天，同茂剧团团长李伯龙先生到我家，请我也为他的剧团写个喜剧。同茂也是上海的进步剧团。暑假期间，我写了《弄真成假》，九月就上演了。

《弄真成假》上演后好评如潮，反响超过了《称心如意》。李健吾评价说：

假如中国有喜剧，真的风俗喜剧，从现代生活提炼的道地喜剧，我不想夸张地说，但我坚持地说，在现代中国的文学里面，《弄真成假》将是第二道里程碑。有人一定嫌我过甚其辞，我们不妨过些年头来看，是否我的偏见具有正确的预感。第一道里程碑属丁西林，人所共知；第二道我将欢欢喜喜地指出，乃是杨绛女士。

关于喜剧，杨绛有自己的看法：

如果说，沦陷在日寇铁蹄下的老百姓，不妥协、不屈服就算反抗，不愁苦、不丧气就算顽强，那么这两个喜剧里的几声笑，也算我们在漫漫长夜的黑暗里始终没丧失信心，在艰苦的生活里始终保持着乐观的精神。

生活多的是平淡，少的是惊喜，尤其在战争年代，她愿自己的喜剧能够给贫苦的百姓带来几声欢笑，给平淡的生活增添几分乐趣。

人间悲剧

（一）

有谣言说美军即将对上海进行地毯式轰炸。1944年初春，杨荫杭带着杨寿康和杨闰康一家人回到了苏州庙堂巷老家，以躲避战争。杨绛和杨必以及各自的家人都留在了上海。

值得庆幸的是，上海并没有像传言中所说的一样受到轰炸。暑假的时候，众人本打算回苏州老家看望年迈的父亲，只可惜杨绛因为有事抽不开身，只得让圆圆代替自己跟着杨必一家人回了苏州。在回上海的途中，圆圆肯定没有料想到这将会是自己与和蔼可亲的外公的一场生离死别。

1945年的三月，杨绛接到了弟弟杨宝俶打来的电话，说是父亲病危，希望她能马上回家。得知此事后，杨绛心急如焚，恨不得立刻赶回苏州。可是，想要离开"孤岛"却绝非易事。当时太平洋战争正如荼如火地进行着，上海又处于关键位置，所以日本军队对上海的控制异常严格。火车票可谓是一票难求，几经商量之后，大家决定改乘汽车。

次日一早，杨绛便和弟弟妹妹们一同乘坐汽车返回苏州。汽车的条件自然比不上火车，空间狭小，乘客众多，杨绛几乎被挤得喘不过气来。但是，任何艰难险阻都不能影响她分毫，因为她已经没有多余的心思来顾忌这些琐事了，她担心的是远在苏州的父亲。

上天再一次捉弄了她。汽车在到达江苏太仓的时候遇到了堵车，因为前方大桥倒塌无法通行。尽管杨绛千般不愿，汽车还是返回了上海。司机做这样的决定也实属无奈，当时世道并不太平，汽车出站后在外过夜是一件非常危险的事情。回上海的路途上车速快得超出了想象，想必司机也是着急着回家，可于杨绛而言，却离父亲越来越远了。

折腾了一天后，杨绛还是回到了原点。回到辣斐德路钱家后，杨绛一进门就跟大家诉苦，说是坐了一天的车，兜兜转转又回到上海了。然而众人并没有应和她，而是神情凝重地坐在位置上，一言不发。虽然现在已是三月，但是屋子里的空气却格外寒冷，冷得直叫人打寒战。杨绛看穿了大家异常举动的背后含义，想到这一点，她瞬间就愣住了。

钱钟书将杨绛扶住，即便他心疼自己的妻子，但是他也隐瞒不了杨荫杭已经过世的事实。他告诉杨绛："爸爸已经过去了。"简简单单的几个字，钱钟书费了好大力气才说出来。也就是这简简单单的几个字让杨绛潸然泪下。回想起过往的时日，她与父亲一直聚少离多，这是她最悔恨的地方。也怪时运不济，否则父女俩一定能够多相处一段日子。杨荫杭生前唯一的心愿就是待战争结束后自己可以与子女一同生活，再也不用过担惊受怕、颠沛流离的生活。可惜，他终究还是没能等到这一天。和平时代的人们是很难理解战争时代的人们对和平的渴望的，这两个字重如泰山。

那天是1945年3月27日，杨绛彻夜未眠。

在朋友的帮助下，杨绛终于买到了去苏州的火车票。

她一进门就感觉到家里空了。母亲在几年前过世，如今父亲也离开了，世界上再也没有人会像他们那样对待自己了。人生八苦，离别最苦，因为舍不得，所以放不下。

客厅里原本摆放着许多红木家具，现在已然不知所踪了，只留下一张破旧的小桌子。偌大的厅堂里，父亲的棺材格外显眼。杨绛缓缓地走到厨房，泡上一盏热茶，小心翼翼地端到父亲的遗容前，然后走出客厅，坐在门槛上暗自流泪。天知道杨绛亲手给父亲奉茶时是一种怎样的心情。

下葬时，杨荫杭的棺材在唐须嫈的旁边。众人先用水泥抹好四周，待棺材入土后用石板封顶。杨绛想起了父亲曾经跟她说过的一句话：水泥最好，因为打破了没有用处，别看石板结实，如逢乱世，会给人撬走。除了杨绛，杨荫杭没有跟任何人说起过这件事情。在杨绛心里，这像是父亲交待给她的最后任务。眼看封土在即，临时弃石板而用水泥是万万不可能的了。杨绛只得暗自伤心，她没能完成父亲交待的任务。早知如此，她应该提前知会一声。当然，她绝没料到这件事会发生，正如她绝没料到父亲会一声不吭地离开人世一样。

料理完父亲的身后事后，杨绛便回到了上海。此后，她再也没有去过苏州庙堂巷杨家老宅。于她而言，她最挂念的两个人都已不在那儿了。

有一次，她和姐妹在经过霞飞路的一家珠宝店时，透过橱窗看到货架上正摆着父亲的陈抟老祖雕像。它是用竹根雕刻而成的，之前一直放在父亲的书桌上，杨绛几乎天天可见，她是决计不会看走眼的。之后，她在另一家珠宝店里也看到父亲的玩物，虽然相隔甚远，但她依稀能够辨别出物件的轮廓。她开始在每一家珠宝店里寻找父亲的物件，有些能够找到，有些已经找不到。渐渐地，她明白了一个道理：即便找到了又如何？对于钱财，杨绛并不看重，只是有一件东西一直没有在父亲的遗物里找到，实在是可惜了。

杨荫杭在离开上海前，曾悄悄对杨绛说："我书题都想定了，就叫《诗骚体韵》。阿季，传给你！"他在交接完震旦女子文理学院的工作后就在家里潜心著书。这本书也是他最后的著作。

杨绛终究还是没能找到父亲的手稿。她曾梦见父亲的背影，可转眼间，父亲的身形就模糊了，最后竟然消失了。正如这本《诗骚体韵》，再也没有出现过。

杨绛反复看了父亲与自己的往来信件，并没有从中找到关于《诗骚体韵》的任何线索，其原因可能是父亲还没有完成自己的著作，否则他一定会来信告诉她。她想起父亲曾经感叹读不到什么书，而这本《诗骚体韵》一直没能完成想必跟这件事情也有关。最有可能的是，这本著作被父亲亲手毁掉了，且从此他没再跟任何人提起过。杨绛隐隐觉得心痛，不光是因为这本《诗骚体韵》，更多的是悔恨自己没能为父亲分担压力。

（二）

《弄真成假》在杨荫杭过世之前就已经出版了。杨绛于4月1日回到上海，就在她安葬完父亲的第二天。不久，她的第三部喜剧《游戏人间》上演了。如今，这部喜剧的剧本已经无迹可寻，正如杨荫杭的《诗骚体韵》，永远只存在于某些人的记忆当中。

杨绛曾创作过一部悲剧《风絮》，这也是她唯一一部悲剧。故事讲的是，知识青年方景山为了实现自己改革理想带着的妻子沈惠连下乡创业。主人公方景山把所有的心思都放在了自己的事业上，为此得罪了不少人，最后含冤入狱。方景山在沈惠连和他的好友唐叔远的全力营救下终于离开了监牢。在这过程中，妻子沈惠连移情别恋，爱上了唐叔远。方景山得知真相后几近崩溃，留下遗书想要自尽，但在最后一刻悬崖勒马。唐叔远以为方景山已故，便和沈惠连光明正大地在一起了。不料，这一幕被方景山撞见。他拿起枪指着他们，本想胁迫沈惠连回到自己身边，可没想到沈惠连夺过手枪朝自己开了一枪。

这是一部爱情悲剧，原本情同手足的好兄弟却因为一场情感纠纷反目成仇，最终酿成了悲剧。在此之前，杨绛的喜剧均是以揭示人性的丑恶为主题的，通过喜剧的形式讽刺了那些心性丑恶的人以及残忍的社会现状；可这一部戏却转向对百姓生活的描写，情感更为细腻、真实，情节更贴近现实生活。

在戏剧界里，杨绛可谓是声名大振，但是生活却如她笔下的悲剧一样看不到任何光芒。自太平洋战争爆发开始，上海迎来了最为黑暗的时日，百姓过的日子越来越艰难。生计成了最大的难题，柴米油盐永远是百姓最发愁的东西。

整个上海几乎吃不到白米和白面，因为这些东西都已被日本兵掠夺走了，领到手的都是一些含有各种杂质的米面。面粉中掺入大量的麸皮，以至于颜色都有些发黑了；大米几乎是没有整颗的，都是一些碎米，其中还夹杂着各种石子，下锅前需要用镊子将这些石子逐一挑出来，否则根本无法食用。偶尔也能听到门外有人在叫卖白米。想要买到白米，动作就要迅速，只要耽搁或是犹豫一会儿，白米就卖完了。买米的时候，别嫌贵，尽量多买些，因为过了这村就没这店了。如果当时没买到，想要再弄些白米来那就很麻烦了，到时候可不是有钱就能买到的。

除了米，做饭的煤球也成问题。煤厂几乎都不能按时送货，而且还不会送全，订了三百斤，送到家里最多也就两百斤。煤球的质量也特别差，有些黑心厂家会在煤球里加入泥土，这样做虽然煤球的重量达到了，但是煤球不经烧，甚至有些还烧不着；有些厂家则往煤球里加入过多的煤灰，同样也是缺斤少两。煤末子是最好的，是纯煤，加上点煤灰，自己就能做几个煤球。但是这样的机会可遇不可求。所以，遇到有人卖木炭或者木柴的都要买些回来，以备不时之需。

特殊时期，各种开支都得省，用完就很难买到了。家里的煤炉和土灶都是经过改良的，这样能提高煤的燃烧率，节

　创作：适逢乱世显才华

省原料。木材也得劈细了、折断了再使用。煤油和煤油炉也是需要备着的，一旦断了煤，这煤油炉里的小火苗还能顶上一阵子，不至于因为没有柴火做饭而导致全家挨饿。

钱钟书除了在震旦女子文理学院授课，也收了两个拜门学生，杨绛之前则一边在半日小学教书，一边编写剧本，说到底无非是为了以上那两样生活必需品。

有个学生托人送了一大筐西瓜来，杨绛和钱钟书都觉得这筐西瓜不是送给自己的，于是把西瓜搬去了楼上。刚搬完西瓜，那个学生就打电话来询问西瓜送到了没有。于是，众人又把西瓜搬回了楼下。圆圆从未见过如此之多的西瓜，得知这些西瓜都是学生送给父亲的，小小的圆圆深深地为父亲感到自豪。眼前的这一幕，杨绛觉得似曾相识：当她还是一个小女孩的时候，也曾亲眼目睹众人在火车站送别父亲的情景。

钱钟书有个学生经常会托他买书，至于买什么书他都不过问，只要是钱钟书买的书就行了。在杨绛看来，这是学生有意允许老师"胡乱"买书，学生自己也看不了那么多书。经过钱钟书之手的书上面都会印有"借痴斋"的印章。于他而言，这些书都不是自己的，是从学生那里借来的，只是过了一把瘾而已。借的次数多了，也就成"痴"了。所以，"借""痴"二字便由此而来。

在寂寥的"孤岛"里，读书是钱钟书最大的乐趣，这些书也陪伴他度过了这段消沉的岁月。

《游戏人间》上演没多久，杨绛就经历了一场惊心动魄的场面。那天上午，钱钟书正在学校讲课，家中仅剩几个"老幼妇孺"。就在这时，门口传来了急促的敲门声。杨绛开门后才发现来的是两个日本兵。寻常百姓见到日本兵早就吓得三魂失了七魄，可杨绛却笑脸相迎。她知道，此时此刻，动怒与害怕已然无济于事。

她将那两个日本兵请进家中，趁着斟茶的间隙连忙回到房中，将钱钟书的《谈艺录》手稿收好，以免在日本兵搜房的时候被损坏。这些稿子不算情报，日本兵也不会放在眼里，但是这本手稿是钱钟书用毛笔写的，纸张很薄，实在经不起日本兵的野蛮搜查。整理完手稿后，杨绛若无其事地将茶水端到那两个日本兵面前。

一个日本兵问杨绛："这里姓什么？"

杨绛回答道："姓钱。"

"姓钱？还有呢？"

"没有了。"

"没有别家？只有你们一家？"

"只我们一家。"杨绛镇定地回答日本兵的提问，没有一丝慌乱。

叔父无意间看到日本兵手里的名单，其中有杨绛的名字，看来他们是冲着杨绛来的。叔父把这件事悄悄地告诉了杨绛，让她从后门溜出去，到朋友家里去躲躲，若是被日本兵抓去，那可就凶多吉少了。

杨绛原本是不想躲的，但既然叔父都这么说了，只得听从他的建议，躲在朋友家中。常言道，好汉不吃眼前亏。午饭过后，钱钟书的堂弟匆忙找到杨绛，告诉她日本兵指名道姓要找她，还说如果她不出现，就要把家里人都带走。杨绛一开始也有些手足无措，但立马就镇定下来了。她先让弟弟跑去学校，告知钱钟书家里发生的事情，让他先不要回家，暂时到陈麟瑞家中躲躲；自己则借来一筐鸡蛋，朝家中走去，假装自己是出门给婆婆买鸡蛋了，这样不引人怀疑。

日本兵并没离开，还把家里翻得乱七八糟。日本兵大致猜出了她就是杨绛，严厉地问她："你叫什么名字？"杨绛自知已无法隐瞒了，便回答说自己就是杨绛。听到这话后，日本兵更加生气了，问她刚才为什么说自己姓钱。

杨绛回答说，原因很简单，自己原本姓杨，嫁进了钱家后便随了夫姓。这在当时的社会是再正常不过的一件事情了。

日本兵无从辩驳，给她一张名片，并告知她明天要接受审问。随后，便愤愤离去了。

随着日本兵的脚步声逐渐消失，众人悬着的心终于落下了，但是紧接着的是无尽的担忧。大家都担心明天日本人会为难杨绛，开始为她出谋划策，猜想日本人明天会问什么问题，面对刁钻的问题该如何回答，该以什么样的态度来应对日本人。杨绛却来不及细想这些，她连忙回到房中，仔细检查自己的物品，看看是否有东西被日本兵拿走了。所幸的是，钱钟书的《谈艺录》手稿还在，只是少了一本通讯录、一叠剪报和一封信件。

次日，杨绛如约来到日本宪兵司令部。日本兵并没有对她做什么，只是简单地问了几个问题，让她填写了一份表格，便把她放回来了。据说日本兵是找错人了，而那个人恰巧跟杨绛是同名同姓。

当时有不少演员和剧组的工作人员被带去司令部，杨绛算是最幸运的了，她竟然能够毫发无损地走出来。有人一进去还没来得及说话便挨了两耳光，也有人一边被体罚，一边受审。最不幸的要属李健吾，日本人把他抓进去之后迟迟未放人，期间还给他"灌水"，直到他晕过去。

困难对多数人来说犹如一道不可跨越的鸿沟，在面对困难时，他们还不知难度有多大、自己能不能解决，心底里便开始害怕、抵触，这样只会让事情变得越来越糟。但于杨绛和钱钟书而言，困难只不过是平淡生活中的小插曲，只要有坚定的信念，最终只会是有惊无险。生活像一杯美酒，初次品尝时会觉得苦涩，并且伴有一种强烈的刺激感，但细细品味后就会尝出其甘甜。

人生不能因为一时失意而对未来失去希望，相信自己，相信未来，相信阴霾总会散去，大地将再一次被明亮的阳光笼罩。

《围城》背后

（一）

每一个成功男人背后都有一个默默支持的女人。于钱钟书而言，杨绛就是这个背后的女人。正因为有杨绛的默默支持，他才能全身心地投入到创作中。家和万事兴，家庭是一个人的根基，家庭和睦做起事情来才能事半功倍。但是打理好一个家庭并不是全依靠着知识，更多的是需要智慧。

一天，杨绛和钱钟书去剧场看了《弄真成假》的演出。回家时，钱钟书告诉杨绛他有意写一部长篇小说，同时又担心自己没有精力。当时，钱钟书在震旦女子文理学院的授课时间已经增加了不少，他只能抽空写些短篇小说，至于长篇小说，只是一直在构思当中，还没来得及动笔。这部小说就是后来享誉海内外的著名长篇小说《围城》。

杨绛听到这个消息后自是兴奋，急切地希望能够早日看到这部小说的内容。她建议钱钟书可以缩短授课时间，腾出更多的时间和精力，将其放在写作上。虽然收入减少了，但一家人原本花销就少，节省节省还是能够应付得过来的。

那段时间，原本在家里做工的女佣要请辞回乡，说是家里条件有所好转，不必她出来抛头露面了。杨绛自知没有任何理由挽留她，也就由她去了。限于家里的经济条件，女佣离开后，杨绛并没有打算再找女佣，而是自己挑起了持家的重担。她说：

劈柴生火烧饭洗衣等我是外行，经常给煤烟染成花脸，或熏得满眼是泪，或给滚油烫出泡来，或切破手指。可是我急切要看钟书写《围城》，做灶下婢也心甘情愿。

杨绛在完成四部戏剧作品后已然是声名远播，可就在她戏剧生涯最巅峰的时期，她选择了隐退。名利于多数人而言是一生追求的东西，在她看来，这些都只不过是过眼云烟。

比杨绛年轻九岁的张爱玲说："出名要趁早。"对于这句话，杨绛有自己的看法，她觉得物质上的满足远不如精神上的满足来得重要。照顾钱钟书的日常起居，她是快乐的。相比之下，个人的名利得失就显得微不足道了。

也正是在这个时候，杨绛学会了做煤球，学会了劈柴做饭，学会了与人讲价。这些原本是女佣做的。很难想象一个十指不沾阳春水的千金会做这些粗重活，而且她丝毫没有觉得辛苦或者不值当。大概这就是爱情吧：不仅爱他伟岸的身躯，也爱他坚持的事物和足下的土地。正是因为有这样一种伟大的情感，才觉得做任何事情都是理所应当的。她知道，无论大事还是小事都是为了他。

钱钟书于1944年动笔写《围城》，直至1946年完成。他的进度并不是很快，每天能写五百字左右，写完后他便急着拿给杨绛看。有时候杨绛看着看着就笑起来，钱钟书也跟着笑起来。杨绛并不一定是笑书中的故事，或许是笑那些发生在身边的事情，只是看着稿子忽然想起来了，所以哈哈大笑。当然，她不必言明，钱钟书心里明白。经过杨绛"审核"的稿子就被定下来，之后不再改动了。

他还会跟杨绛探讨故事的发展路线，这在极大程度上勾起了杨绛的好奇心。因此，她每天唯一的乐趣就是等待钱钟书与她分享新出炉的小说。

《围城》最先在《文艺复兴》杂志上连载，并在1947年由上海晨光出版公司出版发行，同期出版的还有杨绛的《风絮》。《围城》讲述了一个发生在20世纪20年代到40年代的故事。小说的主人公方鸿渐是一个世家子弟，在双方家庭的压力下无奈与周氏订婚。出乎意料的是，在他上大学的时候，未婚妻周氏病亡了。身为银行家的"岳父"仍然资助他出国留学。出国留学的这段时间里，他只顾玩乐荒废学业，未通过考试，拿不到学位证书。这显然无法给家里人一个交代。于是，在回国前夕，他购买了一本博士学位证书，想糊弄过关。回国后，他在"岳父"名下的银行工作。期间，大学同学苏文纨对他青睐有加，很快两人便产生了感情。但是，当他见到苏文纨的表妹唐晓芙时，他又觉得唐晓芙才是他的一生挚爱。三人的感情纠葛愈演愈烈，最终惨淡收场。抗战爆发了，方鸿渐与家人逃到了租界，并在朋友的介绍下到三间大学任教。之后与孙柔嘉结婚，可是婚后生活并不顺心，夫妻双方经常吵架，最终造成了不可挽回的结局。

小说中有不少桥段都取材于现实生活。主人公方鸿渐就是取材于自己的两个亲戚，将他们的性格合二为一，便形成了主人公的人物特性。那两个亲戚后来也读了钱钟书的《围城》，都没有觉得小说中方鸿渐就是他们自己。方鸿渐和唐晓芙恋爱时的经历与杨绛和钱钟书相识相知的过程有不少相似之处，方鸿渐结婚时的场面也与二人在苏州老家成亲时如出一辙。至于购买学位，也是有出处的。在巴黎大学读书的时候，有不少同学就花钱请枪手代写论文，最终也都通过答辩，拿到了学位证书。好友林藜光就因此对巴黎大学的博士学位感到不屑。

正因为小说与作者的现实生活有着紧密的关系，所以有不少人把这部小说看成了作者的自传，阅读时也会情不自禁地将钱钟书与方鸿渐画上等号。为此，杨绛特地写了一篇《记钱钟书与〈围城〉》来澄清此事，她希望读者可以把这本书当成一本纯虚构的小说来读。她说：

《围城》里写的全是捏造，我所记的却全是事实。

但是，无论《围城》中的故事是否是虚构的，这部小说毋庸置疑在文学界引起了巨大反响。在往后的几年里，《围城》被多家出版社争相出版，销售量一直名列前茅。钱钟书凭借着这本《围城》声名大噪。李健吾评价这本书：一个讽世之作，一部"新儒林外史"。

钱钟书从没有忘记过杨绛在这两年时间里的付出，他在《围城》的《序》里这样写道：

这本书整整写了两年。两年里忧世伤生，屡想终止。由于杨绛女士不断督促，替我挡了许多事，省出时间来，得以锱铢积累地写完。照例这本书该献给她。

（二）

1945年8月15日，日本向同盟国宣布无条件投降，抗日战争终于结束了，上海也脱离了"孤岛"行列。那一天，举国欢庆。

消息传到辣斐德路时已是晚上了，所有人兴奋得难以入眠。正当大家商量着如何庆祝这一历史性的一刻时，杨绛却退到一边，独自流泪。她想起了自己的父亲，父亲生前最大的心愿就是战争能够平息，如今战争终于胜利了，父亲却没能亲眼看到这一切。想到这些，杨绛痛心疾首。一方面，为父亲没能亲见愿望实现而感到惋惜；另一方面，则责备自己身为子女而没能尽孝。

抗日战争胜利后，钱钟书辞去了震旦女子文理学院的授课工作，到中央图书馆任英文总纂，编写《书林季刊》，之后又兼任了暨南大学的教授和英国文化委员会的顾问。杨绛则在震旦女子文理学院担任外文系教授。

虽然上海逐渐恢复了往日的活力，《风絮》和《围城》也相继出版，但是杨绛和钱钟书的生活并没有因此而得到改善。一个人越是在穷困潦倒的时候就越是容易患病，正所谓，屋漏偏逢连夜雨，似乎老天永远喜欢跟人们开玩笑。

圆圆的身体一直不好，几乎每年都要生病，上几天学就要请一段时间的病假。小学的六年时间里，圆圆总计没能在学校待上一个学期。杨绛除了要照顾圆圆的日常起居，还要辅导她功课。1947年的冬天，圆圆得了骨结核，大夫说这种病很难痊愈，而且还会转移，转移到头部后就没法医治了。当时的医疗条件并不好，没有治疗这种病的特效药，医生只能建议服用一些维生素、吃些补品、注意休息。谁也没有想到，十个月之后，圆圆竟然痊愈了。可杨绛自己却病倒了，身体每况愈下，几乎天天都发着低烧，体重也下降了不少。

杨绛和钱钟书都是喜欢安静的人，性格耿直率真，也正因为如此，朋友一直寥寥无几。《围城》出版后，他们的朋友群中多了几个读者，也算是扩大了交际圈，生活也不像原先那么单调了。以往他们只注重于阅读和创作，把自己的全部精力都放在这两件事情上，不过现在他们觉得与人交流也是一种学习。杨绛说：

> 每次宴会归来，我们总有许多研究，重重探索，我们把所见所闻，剖析琢磨，"读通"许多人，许多事，长了不少学问。

在朋友们当中，值得一提的是胡适。胡适还未到上海时，便有人电话打到杨绛的朋友陈衡哲家中去了，问她适之到了没有。那人的语气似乎不怎么友好，陈衡哲也挺纳闷的，把这件事跟杨绛说了一说。杨绛也因此对胡适有了印象。

几天之后，钱钟书突然对杨绛说："我见过胡适了。"他时常去合众图书馆借阅书籍，刚好那天胡适也在，两人就认识了。初次见面，胡适就开门见山地说："听说你做旧诗，我也做。"然后随手取来一小张白纸，用铅笔在上面写了一首自己作的旧体诗送给钱钟书，一边还说着："我可以给你用墨笔写。"

杨绛听到这件事情后最初的反应是想要发笑，当然她并没有恶意，只是单纯地觉得世界上怎会有如此率真之人。这样的人心思单纯、干净，正如他从来没有想过别人或许并不是很想要他的墨宝。与这样的人打交道是一件快乐的事情，根本不用担心对方会曲解自己的意思，更不用花很多心思去迎合对方。正所谓，君子之交淡如水。

陈衡哲告诉杨绛，说是胡适看过了她写的剧本，还想见见她。杨绛也经常听家里人说起胡适，也希望有合适的机会可以相见。因此，陈衡哲特地安排了一个聚会，也请了胡适。

聚会上，杨绛一直很少说话。相比一个述说者，她更适合做一个聆听者。不过，她还真佩服胡适的社交能力，他竟然能记住杨绛家人的名字。

傅雷也是他们的好友，而且两家住得很近，他们时常在晚饭后到傅雷家中夜谈。许许多多个漫漫长夜都是在众人的谈笑间打发的。傅雷的家中虽然朴素，但大家的热情却是高涨的，在那儿大家可以畅所欲言，互诉苦闷。每每回忆起在上海的那段岁月，杨绛总会想起每一个在傅雷家中度过的夜晚。

在众人眼里傅雷是一个不苟言笑的人，在孩子们面前他更是一位严父，可在面对朋友时，他却常常喜笑颜开，全然没有传言中说的那么严肃，尤其是对钱钟书。正如杨绛所说，也许钱钟书是唯一敢当众打趣傅雷的人。有一次，钱钟书和陈西禾一起在傅雷家做客。钱钟书一直"口无遮拦"地跟傅雷开玩笑，一旁的陈西禾却急得如同热锅上的蚂蚁，一个劲儿地给钱钟书使眼色。回去的路上，他还一直责怪钱钟书。不过傅雷显然没有把玩笑放在心上，相反，他很享受这样的交谈。

杨绛的翻译工作也与傅雷有所关联。1946年9月1日，由储安平创办的《观察》杂志在上海创刊，杂志以民主、自由、进步、理性为基本立场，关心国是，批评时政。杨绛当时正在阅读奥利弗·哥尔德斯密斯的《世界公民》，接到储安平的约稿后，杨绛便翻译了其中的一段，整理了一篇文章，命名为《随铁大少回家》。随后，这篇译文便在《观察》上发表了。

这篇文章得到了傅雷的称赞，杨绛则谦辞了一番，可没想到傅雷却有些生气了，他说："杨绛，你知道吗，我的称赞是不容易的。"

钱钟书每个月都需要安排一天的时间去南京汇报工作，经常都是早上坐车出发，晚上才能回到家里。可是有一次他回来得比往常早，问其原因，他说："今天晚宴，要和'极峰'握手，我趁早溜回来了。"

身处乱世，对于吃饭，杨绛有自己的哲学：请吃饭，能不吃就不吃；情不可却，就只管吃饭不开口说话。

其实，这也是杨绛的人生哲学：与世无争，保持内心平静。交际是一门学问，处理好人际关系是一种能力，但是复杂的人际关系容易让人迷失，既然知道自己没有把握处理好，那就尽量与它保持距离，不至于深陷其中而不能自拔。

五、抉择：

风雨兼程新中国

心若幽兰 品如秀竹

杨绛传

新中国成立前夕

（一）

有时候，人生的选择并不只有一种，也许我们明知道另一条路会更适合自己，明知道自己选择另一条路会一帆风顺，可是我们还是毅然地选择了那条布满荆棘的道路。究其原因，排除物质上的差别，我们的内心还有一份感情，这份感情使我们义无反顾地放弃优越的生活。

1949年10月1日，毛泽东主席在天安门城楼上庄严地宣布中华人民共和国成立了，标志着中国人民从此可以当家做主了，不再忍受侵华分子的欺凌。这是那一代人共同的期盼。宣布新中国成立的那一刻，有多少人额手称庆，又有多少人失声痛哭。

在悲喜交加的同时，杨绛与钱钟书的去留成了一个问题。在此之前，曾任英庚款留学奖学金的主考官朱家骅就向钱钟书抛出橄榄枝，说是安排他到联合国教科文组织任职，但是被他辞谢了。杨绛不解，问钱钟书："联合国的职位为什么不要？"钱钟书回答说："那是'胡萝卜'。"所谓的"胡萝卜"就是指一种奖励，如果接受了这种奖励就要受人驱使，所以"胡萝卜"经常与"大棒"联系在一起，意味着奖惩制度。钱钟书不愿为了"胡萝卜"而受"大棒"的限制，因此选择了拒绝。台湾地区曾向他们发出邀请，希望钱钟书可以到台湾大学任教、杨绛到台湾师范大学任教，但是他们都没有同意；香港大学想请钱钟书担任文学院的院长，可他却觉得香港"不是学人久居之地，以不涉足为宜"，因此也没有去；英国方面也希望钱钟书可以到牛津大学任教，他也没有同意，只说是伦敦的天气恶劣不适宜居住，便推脱过去了。

关于去留，郑振铎和吴晗则希望他们可以留在上海，等待解放，并且告诉他们新中国需要知识分子。其实杨绛心里明白，新中国的政权刚刚建立起来，百废待兴，祖国最需要的是科学家。虽然杨绛和钱钟书都不是科学家，但也愿意为祖国的发展贡献自己的绵薄之力。所以，当清华大学向他们发出邀请时，他们毅然选择了留在祖国。杨绛说：

一个人在紧要关头，决定他何去何从的，也许总是他最基本的感情。我们从来不唱爱国调。非但不唱，还不爱听。我们不愿逃跑，只是不愿离开父母之邦，撇不开自家人。我国是国耻重重的弱国，跑出去仰人鼻息，做二等公民，我们不愿意。我们是文化人，爱祖国的文化，爱祖国的文学，爱祖国的语言。一句话，我们是倔强的中国老百姓，不愿做外国人。

有不少人觉得杨绛和钱钟书之前的作品和言论都甚少提及爱国主义，这是他们清高；可现在，在祖国解放前夕，他们却高谈爱国主义，这未免显得有些做作了。但熟悉杨绛和钱钟书的人都知道，他们的不谈论并不代表不关心，所谓的高谈阔论并不代表爱出风头。这是他们最真实的情感，爱国主义是镌刻在他们心里的，无论他们是否提及爱国主义，这份情感永远是他们灵魂中最重要的组成部分。

爱国永远不只是政客的口号，作为一个普通百姓也有一份爱国之心，当然这两者是有区别的。杨绛在《干校六记》中这样写道：

我想到解放前夕，许多人惶惶然往国外跑，我们俩为什么有好多条路不肯走？思想进步吗？觉悟高吗？默存常引柳永的词：衣带渐宽终不悔，为伊消得人憔悴。我们只是不舍得祖国，撇不开"伊"——也就是"咱们"或"我们"。尽管亿万"咱们"或"我们"中人素不相识，终归同属一体，痛痒相关，息息相连，都是甩不开的自己的一部分。

艰苦的岁月里，他们依然能够坚守自己的初衷，十年不曾改变。匮乏的物质生活击倒不了他们；丰富的物质生活也诱惑不了他们。不以物喜，不以己悲。多少年后，他们依然能以自身的心境去看待瞬息万变的大千世界。

北平解放后，清华大学由中央接管。吴晗出任了校务委员会主任委员，他建议聘请杨绛和钱钟书担任外语系教授。1949年的夏天，杨绛和钱钟书同时接到了来自清华大学的邀请，希望他们可以回到清华，为祖国的教育事业贡献自己的力量。8月24日，他们整理好了行李，带着圆圆，坐上了前往北京的火车。

北京城于杨绛而言并不陌生。她出生在这里，虽然中途南下江南，但也在这里住了不少时日，这里有她不少童年的回忆。而她对清华则有更深一层的情义，杨绛注定与清华有一种不解之缘。年少时，清华曾是她梦寐以求的学府，虽然一开始与清华失之交臂，但是命运还是给了她第二次机会。在清华，她不光完成了自己的学业，还收获了一份爱情——因为清华，与钱钟书结缘。如今，她能够站上清华的讲台，向学生们传授知识。清华见证了她的生活、学习、爱情、工作，也见证了她的人生。

对钱钟书来说，这是清华第三次向他发出邀请，再次踏入清华的土地，他感慨万千。与西南联大的错失是他一生中最懊悔的事情，他决心将自己今后的人生悉数奉献给清华。

与其说杨绛和钱钟书回到清华是受到使命的驱使，倒不如说是命运在召唤他们。在此之后，除了因为下放而被迫离开北京，他们从未离开过。

当时，清华大学有规定，夫妻二人不能在学校同时担任专任教授。既然钱钟书已经负责教授研究生的课程，那么杨绛就选择担任兼任教授。如此一来，二人都可以留在清华工作而不违反规定。有人觉得兼任教授在薪资上不及专任教授，待遇得不到保障，是一项苦差事。但杨绛并不介意被人看成是"散工"，相反，她很享受"散工"的工作环境。召开某些不重要又浪费时间和精力的会议时，她便以"散工"的名义逃脱了，她宁愿把这些时间花在阅读上。以杨绛的性格，"散工"的工作更适合她。

授课之余，杨绛还翻译了一部出版于16世纪中期的小说《小癞子》。这本书虽然作者不详，但是其幽默风趣的语言风格深深地吸引了杨绛。作者以一种幽默的口吻讲述了一个包含讽刺性的故事，这与杨绛的喜剧风格不谋而合。这本书在欧洲文学史上有重要地位，包括莎士比亚在内的众多著名作家都曾借鉴过这部作品，或是借鉴其语言风格，或是参考其内容桥段。为了能贴近原著，杨绛在参考了法文版的同时还参考了西班牙原文版，经过几番修改，终于完成了翻译工作，并由平明出版社出版。

（二）

新中国成立之后，人们的精神面貌发生了很大程度的变化。民国的旗袍渐渐被历史遗忘，取而代之的是一种改版过的俏皮的列宁装。这是时下最流行的女子服饰，在清华的校园里随处可见穿着列宁装的学生。这样的服饰加上一张纯净的笑脸，那是清华里一道靓丽的风景线，不知道有多少青年才俊为之驻足。可杨绛并不为之所动，依旧是一身上海旗袍，即便在别人看来这是过时的衣服。偶尔，她还会打一把小阳伞。走在清华的小道上，阳光照射在她的身上，留下一抹身影，别有一番韵味。

多少年之后，钱瑗问钱钟书为何会喜欢杨绛。钱钟书只回答说："你妈妈是个特别的人。"在钱钟书心里，杨绛的确是一个"特别"的人，她的特别之处在于她的内心、在于她的心境，而不只在于她的外表。

在杨绛心里永远存有一份坚守，无论是对于祖国的热爱，还是对于生活的追求。她并不追求物质上的享受，而是向往在无尽的知识海洋里遨游。作为知识分子，杨绛的生活是极为俭朴的。有一次，好友黄裳到杨绛家做访问。他一进门就觉得屋子里很冷，或许是因为火炉里的炭火不够旺甚至没有烧火。客厅的陈设非常简单，一张西式长桌外加两把椅子，仅此而已。桌上摆放着不少书籍，全部借于清华图书馆。杨绛和钱钟书则坐在长桌的另一头静心阅读。

定居北京后，好友傅雷专程前往北京看望杨绛和钱钟书。当时清华大学有意聘请傅雷为法语教授。吴晗知道杨绛与傅雷相识于微时，关系密切，希望她能够从中介绍。杨绛将这件事和傅雷说了一遍，傅雷是同意留在清华的，只是他不想教授法语，而是想教授美术和美术评论。无奈清华并没有开设这门课程，所以他便回了上海。虽然与昔日的好友相见的机会越来越少，但他们的情谊却不曾因为距离的增加而减少。

1950年代初，中央成立《毛泽东选集》英文编译委员会，简称毛选英译委员会。钱钟书在清华完成了一年的授课任务后，经乔冠华介绍，调入毛选英译委员会工作。一天晚上，一位老相识亲自从城里赶到清华向钱钟书道喜。送老相识出门后，钱钟书悄悄对杨绛说："他以为我要做'南书房行走'了。这件事不是好做的，不求有功，但求无过。"康熙曾设立南书房，进出南书房的都是翰林院的大学士，各个博古通今、才华横溢，皇帝时常向他们讨教问题。在不少人眼里，南书房就如同一个机要秘书的机构，所谓的"南书房行走"便是一项美差。可钱钟书最大的心愿就是希望自己不要犯下过错。

无过并不代表不作为。钱钟书在毛选英译委员会中积极配合同事们工作，听从领导安排。由于他工作效率高，所以总能节省很多时间，而这些时间都可以用在阅读上。这是他最引以为傲的地方。委员会中所有人的工作都是非常繁重的，晚饭后，大家都外出散步，可钱钟书却选择逛书店。

其实在这段时期里，清华正在发生着一些细微的改变：会议越来越多。钱钟书也要开会，但他参加的会议侧重于形式，所以也不必花费太多的精力去准备材料。这是杨绛最羡慕钱钟书的地方。

钱钟书去了城里工作，圆圆也去了城里上学，二人都只有在周末才能回到清华。幸好之前杨绛从亲戚家抱了一只猫来，有猫相伴，钱钟书和圆圆不在身边的时候，她的生活才不至于太过乏味。

早年在苏州的时候，她就养过一只波斯猫，个大、脸圆、毛白，所以取名叫大白。现在养的这只猫虽然在毛色上不及大白，但是极通人性。因此，用人老李妈就给它取名叫花花儿。钱钟书也喜欢花花儿，周末回来时也会逗它玩。

思想"洗澡"

（一）

1951年，正值中国共产党建党三十周年，随着《毛泽东选集》的出版和纪念活动的开展，全国范围内刮起了一阵学习党的理论思想的风潮，针对知识分子的思想改造运动也随即展开。

所谓的思想改造就是希望知识分子能够端正态度，接受改造，认真学习，最后成为一名光荣的文化战士。有人戏称这次改造运动为"脱裤子"或者"割尾巴"或者"洗澡"。杨绛的著名长篇小说《洗澡》便取材于这段生活经历。

杨绛在清华是一名"散工"，但凡遇到一些不重要的会议，她能逃则逃。运动开始后，有人就提出为何杨绛不来参加会议。杨绛只说是自己不够资格，此后，每次开会她都到，既参加了运动的洗礼，同时又"洗了个澡"。钱钟书虽然在毛选英译委员会工作，平常不在清华，但也要回校"洗澡"。此前，他已经在委员会里"洗过澡了"，可有人觉得委员会是个小单位，人数不多，声势不够浩大，"洗得不彻底"，必须得回清华"洗个大澡"。杨绛和钱钟书都是一次通过"洗澡"的。凡是能够记起的事情杨绛都向组织交代了，最后一位党员同志握住她的手说："党相信你。"那就意味着他们已经"洗干净了"。

运动发起以后，清华校园失去了往日的宁静，校园里到处充斥着"洗澡"的声音，图书馆更是首当其冲。一些西方文学作品被认为是宣扬资产阶级腐朽思想的工具，这是一颗能够种入脑中的"毒瘤"，必须根除。这些书杨绛也看过不少，但都没有发现一些所谓的腐朽言论。

清华的外文系是最危险的系，其中最危险的学科要属诗歌、戏剧和小说。这三门课被认为是最容易宣扬资本主义思想的学科，也最容易受到控诉。因此，这三门课由主修改为选修，前两门因为没有学生选修而停课了，只是杨绛教的英国小说还有学生选修，所以她只得硬着头皮继续授课。然而，即便杨绛再小心谨慎，她终究还是难逃被控诉的命运。

思想改造运动分为三步。首先是开思想动员大会。这个时候大家都是活跃的，言论也相对自由，主要任务是学习材料，气氛也较为平和。其次是开酝酿会。某人被列为控诉对象后，那么就要组织召开对该人的酝酿会，收集证据和材料，以便在控诉大会时可以言辞凿凿。最后一步就是开控诉大会。某些思想出现偏差或者生活作风偏向资产阶级的人都要受到控诉。

在控诉大会召开之前，有学生认为杨绛只满足于当一位贤妻良母而缺乏一种积极向上的精神。为此，杨绛做了检讨，也通过了思想改造。可就在当天晚上，针对杨绛等人的控诉大会依旧召开了。有学生义正言辞地罗列了数条杨绛的缺点：

杨季康先生上课不讲工人，专谈恋爱。

杨季康先生教导我们，恋爱应当吃不下饭，睡不着觉。

杨季康先生教导我们，见了情人，应当脸发白，腿发软。

杨季康先生甚至于教导我们，结了婚的女人也应当谈恋爱。

在那个思想还是相对封闭的年代，这话犹如一道晴空霹雳，让在场的三千多师生员工一下都警觉了起来。杨绛当然没有说过这样的话，那个学生也不是她的学生，截至杨绛进入大礼堂前，她们甚至素未谋面。当然她也想不出为何那个学生要如此诬陷她。

三千多人的目光一下子集中到了杨绛的身上，与会的所有人员个个情绪高涨。这样的气氛下她实在无力辩驳。即便她肯为自己辩驳，也无法让那些被一根看不见的细线操控着的人信服，甚至情况还会越来越糟。所以，她就选择静坐，什么也不说，什么也不看，权当是自己没听到。

当天晚上受到控诉的并非只有杨绛一人，还有其他的几位同事。一阵喧嚣过后，众人才慢慢散去，大礼堂也逐渐恢复了平日里的安静。在清华的黑夜里，众人一边成群结队地走着，一边喋喋不休地谈论着。众人都与杨绛保持距离，不敢靠近，生怕在她身上沾染了坏运气。人群中有人感叹道："还不如我们无才无能呢！"

回去的路上，外文系的主任吴达元叫住了杨绛，问她："你真的说了那种话吗？"

杨绛反问道："你想吧，我会吗？"

吴达元回复说："我想你不会。"

作为系主任，吴达元是了解杨绛的。他深知杨绛的品格，他也相信，以杨绛的为人断不会在课堂上说出那样的话，只是当时情况复杂，人心惶惶，他也不便多说什么。

杨绛也不想跟他靠得太近，她知道自己身份尴尬，所以她不希望任何人因为她而受到牵连。在此之前，她也参加过类似的控诉大会，但是被控诉的人都不是她。可这一次不同，她自己就是被控诉的对象。虽然无论是以前还是现在，她都是坐在人群中，但是内心的感受绝对不会是一样的。她亲身经历了控诉大会，她知道这其中的酸楚。

当时钱钟书和圆圆都在城里，家中只剩下杨绛和一个女佣。入夜，女佣已经睡去，杨绛却辗转反侧，难以入眠。她不曾想到，自己平日里已是极为小心谨慎，可即便如此还是被列为控诉对象。她曾想：

假如我是一个娇嫩的女人，我还有什么脸见人呢？我只好关门上吊啊！季布壮士，受辱而不羞，因为"欲有所用其未足也"。我并没有这等大志，我只是火气旺盛，像个鼓鼓的皮球，没法按下个凹处来承受这份侮辱，心上也感不到丝毫惭愧。

这样想，倒也安心不少。于是她照例看了会儿书，便睡着了。

第二天，杨绛特意打扮了一番，提着一个菜篮子，到学校的菜市场上"招摇过市"。其实她心里清楚，经过昨晚那么一闹，想必全校没有几个人不认识她了吧！她也想亲眼看看那些人见着她时会是如何反应。

正如她所想的那样，有熟人遇到她后什么招呼也不打，只是低下头，匆匆离开了；有不少人一看到她就躲得远远的，犹如过街老鼠见到了猫，生怕因为与杨绛擦肩而过而被控诉。但也有一些人不避嫌，照例和她打招呼，互相还会寒暄几句，其中有个人还和她聊了许久。

一个星期过后，这件事仍旧没有被大家遗忘，虽然在这期间也有很多人被控诉。提到"杨季康"这三个字，大家还是会心有余悸。有个跟杨绛很熟的人在大礼堂前看到了她的身影后就立马转身朝不同的方向走了。相反，有个跟杨绛不是很熟的人却能跟她并肩在校园里行走。

对于人情的冷暖，杨绛是知道的，所以，她从来没有埋怨过谁，也没有刻意要找谁的麻烦，这些人的做法，她都可以理解；但对那些不顾嫌疑坚持与她相交的人，她是心存感激的。

《人民日报》也报道了这件事，还指名道姓地点出了杨绛在课堂上犯的错误。看到这则报道后，她暗自笑了一下，心想：得亏自己并不算是名人，即便上了报纸也没有多少人会认出自己来，否则怕是全中国的人都会记得自己了吧。她原本想着学生们以后应该不会选修她的课了，学校也会停了她的职务，如此一来，她倒成闲云野鹤了。可没想到的是，到了第二学期，她的课非但没有停，反而增加了十数个学生。大概也有不少学生是因为那场控诉大会而认识了杨绛。

既然她教授的课程还要继续开课，她便没有理由辜负学校和学生。当然，不能一遇到困难和挫折就选择退缩。她自我安慰道：

知道我的人反正知道；不知道的，随他们怎么想去吧。人生在世，冤屈总归是难免的。

说实话，这场"飞来横祸"也让她有所收获，起码增强了她的韧性，以至于在后续的运动中她依然能够保持乐观的态度。

杨绛是幸运的，她可以看淡一切，但是她的朋友高崇熙却没能像杨绛这般想得开。他与杨绛同为清华的教授，只是他是化工系的，除此之外，他还兼任化工厂的厂长。在众人眼中，他是一个不太好相处的人，虽然业务能力极强，但性格也极为古怪。杨绛和钱钟书都与他有所往来，深交之后才发现，其实他并不像传言所说的那么不可靠近。他们无论如何也没有想到他会离开得那么突然。

一天，杨绛和钱钟书一起到化工厂去看望高崇熙。当问及思想改造的进展时，他只推说快结束了。他的脸部表情很僵硬，笑得十分勉强，说话也有些谈吐不清，多半只是应和几声。杨绛觉得气氛古怪，人也古怪，在房间里待着十分压抑，便向他请辞了。他坚持要把杨绛和钱钟书送出大门，还目送他们离开，直到他们的身影消失了他才转身。

次日，化工厂传来消息，说是高崇熙服用氰酸自杀了。听到这个消息后，杨绛立刻回想起了昨日的情形。她终于明白为什么他会有如此不同寻常的举动了，原来在杨绛和钱钟书到达化工厂之前，他已经打定了主意要自杀。想到了这一点，杨绛不禁有些懊悔，她要是能早点发现其中的端倪，高崇熙就不至于被逼到自杀的境地。后来，他的夫人也去世了。

多少年后，当年的这件冤案终于得以昭雪，但是这个结果来得太晚了，他们夫妻二人都看不到了。

思想改造运动在杨绛的记忆里是极为深刻的，因为这是新中国成立以后知识分子受到的第一次改造。原先，她以为人是固执的，人的思想更是不可改造的，一个人很难会因为一次运动而做出多少改变。经历了这次运动之后她才发现，要改变一个人的思想并非难事。在面对如此气势宏伟、声势巨大的改造运动时，一个人很难固守原来的思维，也许会全部改变，也许会改变一部分，也许只改变了一点，但总归是有所改变的。杨绛自己也说：

　　我有一个明显的变，我从此不怕鬼了。不过我的变，一点也不合规格。

（二）

　　1951年10月1日，政务院发布了《关于改革学制的决定》。次年，全国范围内的高校都进行了院系调整。杨绛和钱钟书由清华大学的教授调任为文学研究所外国文学组的研究员。外国文学组隶属新北大，归中宣部主管。

　　就这样，杨绛离开了钟爱的清华，离开了钟爱的三尺讲台，全心投入外国文学研究工作。对杨绛来说，她虽然不希望离开清华校园，但这样或许是最好的安排。她曾想，科学知识和技术的确是当时社会最缺乏的，也是急需的，但是文学同样不可或缺。曾几何时，她也想用文学来改变国家，因为文学的力量是巨大的，它可以在悄无声息间改变一个人的思想，使人在文学潜移默化的影响之下成为国家的栋梁。这不是文学知识的功劳，这是文学艺术的功劳。杨绛心里清楚，在课堂上撇开知识光讲艺术是行不通的。所以，她觉得，与其受限于三尺讲台，倒不如还自己自由，用自己的专长来弘扬文学艺术，实现自己的人生价值。

工作调动之后，杨绛的家也从清华园搬入中关园。当时钱钟书和圆圆都在城里，杨绛只得自己搬家。由于家中物品众多，竟然忘了那只"花花儿"。周末，钱钟书和圆圆都回家了，三人一同前往清华园将"花花儿"抱回家。杨绛用一只大布袋将猫装在其中，然后背起布袋。一路上，她能够清楚地感觉到"花花儿"在发抖。回家后没几天，猫就跑走了，之后就再也没有看见过。

对于"花花儿"的失踪杨绛非常伤心，在多少个不眠的夜里，又在多少个黑夜后的白天里，都是"花花儿"陪伴着她、听她倾诉。在杨绛的记忆中，"花花儿"极有灵性，它的逃跑想必是有另一层含义。

中关园是新建的住宅区，绿化并不是很好，远远看去感觉不到一丝绿意。绿色是最有生机的颜色，也是最贴近心灵的颜色，家中没有绿色总让人觉得有些不快。于是杨绛和圆圆挑了空在院子里种了五棵柳树。东晋有诗人五柳先生，名陶渊明，性格率真，喜欢归隐田园，篱下弄菊。这与杨绛和钱钟书的性格不谋而合，两人都不喜欢卷入世俗的纷争，向往宁静的生活，与书本为伴。这是一种巧合。

老师温德先生特地送来了花卉，为小院增添了不少生气。钱钟书用好友蒋恩钿送来的屏风在客厅里隔了一间小书房，名曰"容安室"。其实杨绛在中关园的住房面积仅有七十五平方米，"容安室"更是小到仅容一人走动。陶渊明的《归去来兮辞》中有言："倚南窗以寄傲，审容膝之易安。"因为陶渊明家贫，住房极小，仅容一人居。所以，后人多以"容膝易安"来形容房间局促。钱钟书的"容安室"或许就出自于此。地方的狭小并不能限制钱钟书的才华，在这小小的"容安室"里，他创作了《容安室休沐杂咏》，借此记录自己的生活：

曲屏掩映乱书堆，家具无多位置才。容膝易安随处可，不须三径羡归来。

渐起人声昏晓际，难追梦境有无间。饶渠日出还生事，领取当前倚枕闲。

盆兰得暖暗抽芽，失喜朝来竞吐花。灌溉戏将牛乳泼，晨餐分减玉川茶。

翛然凤尾拂阶长，檐卜花开亦道场。楚楚最怜肠断草，春人憔悴对秋娘。

积李崇桃得气先，折来芍药尚余妍。只禁几次瓶花换，断关春光又一年。

音书人事本萧条，广论何心续孝标。应是有情无着处，春风蛱蝶忆儿猫。

如闻车马亦惊猜，政用此时持事来。争得低头向暗壁，万千呼唤不能回。

醇酒醉人春气味，酥油委地懒形模。日迟身困差无客，午枕犹堪了睡逋。

莺啼花放縠纹柔，少日情怀不自由。一笑中年浑省力，渐将春睡当春愁。

向晚东风着意狂，等闲残照下西墙。乍缘生事嫌朝日，又为无情恼夕阳。

　　生憎鹅鸭恼比邻，长负双柑斗酒心。语燕流莺都绝迹，门前闲煞柳成阴。

　　袅袅鹅黄已可攀，梢头月上足盘桓。垂杨合是君家树，并作先生五柳看。

　　1954年，钱钟书在毛选英译委员会的工作终于告一段落了。正当他准备回到文学研究所外国文学组的时候，却发现组里的人员已经满额，他进不来了。时任文学所所长、古典文学组组长郑振铎对杨绛说："默存回来，借调我们古典组，选注宋诗。"

　　杨绛和钱钟书心里明白，这是郑所长特地为钱钟书安排的，只是此后两人要在不同的小组工作了。钱钟书虽然接受了这份工作，但是心里难免觉得委屈。自1938年回国以来，他一直从事外文相关的工作，或是教授外文课程，或是参与外文翻译，他所学的专业亦是外国文学，他在外国文学上的造诣更是有目共睹的。

　　在毛选英译委员会里，金岳霖一直被认为是最具权威性的人物，但凡有人遇到翻译上的难题都会向他请教。有一次，金岳霖在翻译《毛泽东选集·实践论》中的"吃一堑，长一智"一句时百思不得要领，翻译了多个英文版本总觉得有欠妥之处。钱钟书听到这句话后说出了一句英语，"A fall into the pit, a gain in your wit"。众人一听，颇为精确，不仅字词语法准确无误，还带有押韵，读之朗朗上口。经此一事，金岳霖都有些自叹不如。

钱钟书进入古典组，那就意味着他要放弃外国文学重新学习中国古典文学。他也清楚，进入古典组是他必然的选择，如果自己放弃了古典组的工作，那么他将再次面临失业的风险。他很感谢郑所长的安排，只是这一"借"就再也没有机会回到外国文学组了。

（三）

杨绛在文学所工作期间翻译了法国作家勒萨日的《吉尔·布拉斯》，并在《世界文学》上发表。1956年，《吉尔·布拉斯》经过了一次大修，后由人民文学出版社出版。多年的历练以及庞大的阅读积累使杨绛在外文翻译上造诣日深。

董衡巽在北京大学读书时经常和同学们一起到老师朱光潜家玩。当时大家都很年轻，并没有考虑到这样会耽误老师时间，还经常问一些"不切实际"的问题。有些问题很难回答，也毫无意义，但是朱光潜还是会认真地逐一解答学生的提问。比如，有学生问："全中国翻译谁最好？"

朱光潜告诉他们，这个问题不能一概而论。翻译可分为三类：散文（即小说）翻译、诗歌翻译、理论翻译。每一个领域都有各自的专家，但是脱离了领域的限制，谁也说不上是全中国最好的翻译家。

学生接着问："那么散文翻译谁最好？"

朱光潜回答说："杨绛最好。"

这是董衡巽第一次听到杨绛的名字。后来，他特意拜读了杨绛翻译的《吉尔·布拉斯》，给予了非常高的评价：

> 读的时候很感到一种语言文体美的享受。译文像行云，像流水，从容舒缓，有时候夹杂一些上海话，虽是方言，却与自然流畅的译文浑然一体。流浪汉体小说有时枝蔓横生，但得力于译文的可读，我能一口气读完。

由于杨绛的《吉尔·布拉斯》译本广受好评，1957年她接到了"外国古典文学名著丛书"编委会的一项任务：翻译西班牙著名作家塞万提斯的《堂吉诃德》。

思想改造运动开展以后，在接下来的几年里又发生了数次运动，经过多次"洗澡"，杨绛觉得知识分子的思想已经"改造"得差不多了。

一天晚上，在北京上大学的外甥女来中关园看望杨绛和钱钟书，并且告诉他们外面贴了很多北大学生写的大字报。当晚，杨绛特地跑出去看大字报。看了几篇大字报后，她又惊又喜：她讶异地发现，虽然这些年间运动从未停歇过，但人的思想却未曾改变多少，或者说一点都没有变。这是她没有料想到的结局。多年的心结终于解开了，她缓缓地舒了一口气，感叹道：人还是人。

1957年，鸣放运动开始了。"鸣""放"二字取自"百花齐放，百家争鸣"，鸣放运动的本意是号召群众提出批判，力求知无不言、言无不尽，并且言者无罪、闻者足戒。

文学所也号召大家鸣放，但是杨绛和钱钟书不鸣也不放，他们总是冷静、尽量客观地回答对方的提问。有人问杨绛工作是不是不自由。常人在回答这样的问题时肯定会说不自由，因为他们可以尽情地阐述自己的观点，为自己谋取更多的利益，反正说了也不受罚。但是杨绛却回答说："不觉得。"这是她的真心话，当然其中也夹杂着一丝个人情感，相比"孤岛"上的生活，文学所的这份工作已是很好了，她很喜欢这份工作。有记者和朋友动员她鸣放，她依然拒绝了，只留了句"我不爱'起哄'"。众人也没有勉强她，了解杨绛的人都知道她为什么会在鼓励批判的时候选择沉默。

在时局动荡的社会里，能够保持沉默寡言未尝不是一种福气。但是这一点看似容易，可不是每一个人都能做到的，大多数人很难管得住自己的嘴巴、控制得了自己的行为。所以，"人云亦云""以讹传讹"是有根据的。

不公开发表自己的意见并不代表认同别人的观点。杨绛只是觉得这种发言没有意义，参与鸣放的人就像是上了发条的机器，身体似乎不受大脑控制了，各个言论过激。对于别人的行为，杨绛不便说什么，她知道即便自己有意强调自己的立场也是无济于事的。这就好比跟一个正在火头上的人讲道理，同样是不明智的。

事实证明，杨绛的做法是正确的。很快，反右运动开始了，前几天那些还在口无遮拦地批判各种事情的人却成了被批判的对象了。有人开始佩服杨绛，认为她能料事于先。其实，她并没有料事于先的能力，她只是不爱"起哄"罢了。

次年，全国范围内掀起了"拔白旗"运动。把那些"具有资产阶级学术观点的人和传播资产阶级思想的作品"当作"白旗"拔掉。在此之前，杨绛曾在《文学研究》上发表了一篇论文《菲尔丁在小说方面的理论与实践》；钱钟书花费了两年时间完成了《宋诗选注》的编选工作，作品在1958年由人民文学出版社出版。不巧的是，杨绛和钱钟书的作品都被认为是"白旗"。当时钱钟书已接到毛选英译委员会的定稿工作，平日不在中关园，所以，一切事情都由杨绛代为转达。所有的压力一下子都落在杨绛的身上。庆幸的是，日本汉学家吉川幸次郎和小川环树对钱钟书的作品大加赞赏，《宋诗选注》终是幸免于难。然而杨绛并没有这么好运气，她的这篇文章被当成了批判的对象，这面"白旗"算是被撕得粉碎了。

下乡改造

1958年，杨绛被下放到农村劳动。

那时女儿钱瑗已经下放到一家炼钢厂了，由一位老师傅带领她工作。当时钱瑗已考入北京师范大学的俄语系，她的理想是"当教师的尖兵"。钱瑗能画画，学习积极性很高，经常有独到的见解，深得老师傅喜爱。临走时，老师傅还特地送了她一枚毛主席像章，这枚像章大如碗口。

杨绛是自愿下乡的，只是她的自愿中也夹杂着自己的"私心"。杨绛出生于书香门第，虽然她的足迹远达海外，但是她没有在中国农村生活过。她很想借这次下乡学习的机会，体验一下农村生活，很想在农村的茅屋里生活一段时间，很想知道自己能不能和当地农民聊得来。这也是衡量一个知识分子是否具有革命性的标准。

农村的生活与杨绛想象中的截然不同，在这里要经历"五大关"。所以，杨绛戏称这次下乡是"过五关、斩六将"。

首先是"劳动关"。下乡的第一天，杨绛就和同事们一起切萝卜缨，之后便把切好的萝卜藏入地窖中，这些蔬菜将伴随着农民们度过寒冷的冬天。有时大家也会去捆草、推独轮车或是砸玉米。在所有的农活中这些只能算是轻活，干活居少，休息居多。所以，看似极耗体力的"劳动关"其实并不费力，杨绛都能应付过来。

其次是"居住关"。农村的居住条件自然是不比城里，尤其是新中国成立不久的农村。由于住房紧张，公社没能为他们安排独立的房间。刚到农村时，大家只能将就睡在农民们特意腾出来的炕上。说是炕，但是没有生火，睡在上面似乎还能感受到屋外的寒意。冬日的夜里，从西伯利亚吹来的寒风犹如精灵一般能够穿过每一道墙缝，吹进每一个人的心里。后来公社为他们找了一间空房，众人用纸将窗户糊上，然后买了煤，生上火，一丝丝暖意才渐渐从心底萌生出来。

接着是"饮食关"。杨绛所在的知识分子团体并不属于生产队，干的活也不及生产队的多，所以他们不和生产队的人一起吃饭。要想吃饭，必须得额外加钱。其实这也合理，因为他们的劳动成果或许还顶不了这一日三餐。农村里有两个食堂，一个是干部食堂，有米饭和炒菜，还配有一道汤，伙食相对较好，但是一天只提供两餐；另一个是农民食堂，

一天有三顿饭，价格也便宜，但是伙食是比不上干部食堂
的：早饭和晚饭都是稀饭，中午吃的是窝窝头和白薯。杨绛
还是选择了农民食堂，一来，一日两餐实在吃不惯；二来，
她也想和农民们多多亲近。只是农民们各个领了饭就直接回
家了，她的心愿终究还是没能实现。幸好在食堂烧饭的阿姨
都还在，大家凑在一起刚好围成了一桌。杨绛倒也吃得惯这
里的稀饭、玉米、窝窝头和白薯，她也不觉得吃这些东西是
在受罪。

　　这"三关"杨绛都顺利通过了，虽然其中也遇到了不
少困难。比如，在捆草的时候，自己无论怎么努力都捆不好
那堆乱草。眼看天就要黑下来了，她只能独自站在乱草堆前
干着急。最后，还是副队长帮她收拾好了。他们后来搬入了
公社缝纫室居住，缝纫室里有一张竹榻，分上下两层，杨绛
睡在上层，只要身体一动，竹榻就会发出"咯吱咯吱"的响
声。因此，她几乎没有睡过一次安稳觉，每晚都在半睡半
醒间度过。寒冷的北风总能找到墙上的每一道细缝，让原
本就不温暖的房间变得更加充满寒意。可是杨绛并不觉得寒
风是上天对自己的考验，相反，她觉得寒风中也夹带着新鲜
空气。穿过鼻腔后，虽然寒意并未完全消除，但是闻着倒也
舒心。

　　最让人一时接受不了的是"方便关"和"卫生关"。
所谓的"方便"，其实一点儿也不方便。农村的卫生条件很
难满足城市里知识分子的需求。但很快，杨绛也接受了。刚
来的时候谁也没有料想到自己会两个月不洗澡，衣服几乎是

一个星期洗一次，但是当他们离开的时候才发现，自己的确如此。

就在杨绛下乡一个月后的某一天，钱钟书被安排到昌黎下乡学习。杨绛曾经去过一次昌黎，知道那里的环境。钱钟书在昌黎的那段时间恰巧赶上"三年饥荒"，粮食欠收，生活苦不堪言。他在那里的主要工作就是捣粪，吃的是用白薯粉和玉米粉做成的窝窝头，还经常吃不饱。昌黎的生活条件比杨绛所在的农村差了很多，很难想象，钱钟书一个人在如此苦寒之地是怎样坚持下来的。

1959年1月底，钱钟书终于回到了中关园。离别数月之后，三人终于回到了家中。杨绛惊奇地发现，原本在生活上如同"孩童"的钱钟书竟然会做家务了，想必他在昌黎下乡学习的这段时间里一定吃了不少苦。

一个人的习惯是很难被改变的，无论是好的习惯还是不好的习惯，能一下子改变过来的也就不能称之为习惯了。当一个人遇到绝境的时候，身体的潜能才会被激发出来，迫使自己改变一些不好的习惯。换句话说，在生活上有一些"不好"的小习惯是一种幸运，因为有人心甘情愿为你这些习惯买单。

后来文学所搬迁到了城内，办公地点在旧海军大院。杨绛的家也从中关园搬到了城内的文学所宿舍。房子的面积减小了不少，住房更加局促了，好在钱钟书也在城里，每天都能回家。大家把房子的布局改造了一番，分成了五个小隔间，倒也住得下。

　　这次下乡的经历让杨绛受益匪浅，期间，她见到了不少自己从未见过的人，也经历了自己从未经历过的事，有欢喜，也有忧愁，有笑容，也有泪水。她不认为苦难是不可逾越的，相反，人一定要有战胜困难的决心。于杨绛而言，如果自己碰到困难时选择退缩，发表观点时唯唯诺诺，遇到抉择时举棋不定，那怎配做一个知识分子，怎能向读者传递一种正确的价值观，怎能对得起自己的工作。她从来不觉得恶劣的环境能够击垮一个人，能够击垮一个人的只有他自己。

六、坚守：
历尽苦难愈坚韧

心若幽兰 品如秀竹

杨绛传

接受批评

（一）

1959年至1961年是最困难的三年，几乎全国的百姓都在饥饿中度过。钱钟书当时在毛选英译委员会做定稿工作，经常会与外国专家有所往来。杨绛和钱钟书同属高级知识分子，所以生活上从未有所欠缺。在"三年困难时期"，相比普通百姓，他们的生活算是相对富裕了。钱瑗在北京师范大学毕业后就留在学校当助教。相比由杨绛为代表的"老知识分子"，由钱瑗为代表的"新知识分子"的待遇就相对较差了，光是工资就相差几十倍。所以，"老知识分子"的生活过得较为舒适，"新知识分子"的生活却极为拮据。杨绛也觉得自己十分过意不去，她认为这种现状是不合理的，这种表面上的平衡很容易被打破。所以，当这种平衡被打破的时候，她一点也不吃惊，似乎她早就知道会有这一天的到来。1966年8月9日，杨绛终于被"揪出来"了。

虽然没有一张大字报是控诉杨绛的，但是她早已隐约地觉得有些不对劲，但也说不出来什么原因。在一次会议上，大家在传递文件时竟然绕过了杨绛，还有人冠冕堂皇地问"杨季康，她是什么人？"当时大家正在批斗一位"老知识分子"，所以也没有人控诉杨绛的"罪行"。会后，秘书告诉杨绛，以后开会时她都无须到会了。

回了家，杨绛对钱钟书说："我今天被'揪出来'了，你呢？"

钱钟书摇了摇头，"还没有，快了吧？"

果真，三日过后，他也被"揪出来"了。

杨绛和钱钟书算是幸运的了。有位同事被"揪出来"后被安排到一间办公室里等待"审问"。对面的墙上贴满了各种标语，其中一条是：拿枪的敌人消灭后，不拿枪的敌人依然存在。作为一个知识分子，面对这样无声的控诉是一件十分羞耻的事情。标语的意思再明显不过了，那位同事看到后气呼呼地换到了其他的位置上。

正当大家一筹莫展的时候，中央下达了"五一六通知"。杨绛原以为"革命群众"会重新接纳她，不再把她当成批斗对象，可等来的却是一个噩耗。在批斗会议上，杨绛的种种"罪行"被逐一罗列出来，还对她做出三项决定：暂停工资发放，每月只发放少数生活费；每天必须挂牌上班，牌上写清自己所犯的"罪行"；参与劳动，并且听从指挥。钱钟书的遭遇也不如意，大体上与杨绛相同，只是他的劳动是打扫院子而杨绛的劳动是打扫女厕所。

有一天，雨下得很大，雨水犹如瀑布一般从天上倾泻而来。红卫兵把所有的批斗对象都集中到了大席棚里，然后让他们站在台上接受大家的批斗。杨绛这才知道，自己和那些"老知识分子"已然成为了"革命群众"眼中的"牛鬼蛇神"了。红卫兵还给台上的每个人戴了一顶极高的帽子，远远看去就像是黑白无常，这也符合了"牛鬼蛇神"的形象。高帽是用报纸折叠而成的，上面写着各种标签：特务、反动派、资产阶级，等等。台上的每个人只能看到别人高帽上的字，但是看不到自己的。所以，批斗大会一散场，杨绛就迫不及待地摘下帽子想要看看自己头上的会是什么标签。原来"革命群众"给自己的定位是"资产阶级学者"，这个罪名还算是轻的。不久，杨绛竟然从"资产阶级学者"升级为"资产阶级学术权威"，与钱钟书同一个级别。

大雨丝毫没有停下来的意思，犹如"革命群众"的一声声辱骂与指责，丝毫不给人留下任何余地。杨绛冒着大雨跑回了家。雨水无情地打在她的脸上、身上，仿佛正在接受成千上万的"革命群众"的批斗。每一滴雨水就像是一句痛骂，打在她的心里。或许是因为淋了雨，此后，她就被大家当成落水狗了，任何人都可以向她发难。

"革命群众"中有个极为严厉的女人，做起事来雷厉风行，待人的态度也极不友善，杨绛戏称她为"极左大娘"。这个名号极为贴切，那位"极左大娘"似乎与生俱来就对知识分子深恶痛绝。

晚上，"极左大娘"带着一群年仅十余岁的红卫兵闯入杨绛所住的大院，对杨绛等人进行批斗。之后，又罚他们跑步。在面对这群"老知识分子"时，那位"极左大娘"似乎有用不完的力气。次日一早，她又开始监督大家清理垃圾。

一天傍晚，杨绛比以往回家的时间晚了许久。当她走到院门前的时候，她发现里面站满了人，"极左大娘"也在场。看情形，像是在批斗某位"知识分子"。人群中有几个是杨绛的邻居，她们看到杨绛时朝她不停地摆手、努嘴，示意让杨绛出去躲躲，暂时不要回家。可这些细微的举动竟被"极左大娘"看见了。她一下子就注意到了站在门口的杨绛，还以为杨绛想跑，于是大声地喊出杨绛的名字。事已至此，杨绛只好迈出脚步，走进大院，站到钱钟书身旁。其实，杨绛并不是怕这位"极左大娘"，更不是怕她辱骂、殴打自己。"极左大娘"怎会知道，她面前站着的这个人曾经敢和日本兵当面对质。杨绛心里清楚，"极左大娘"的态度即便再不好，她也不能和日本兵比较，她仍是中国的人民群众，自己和她没有阶级矛盾。这样想，心里的不满也平息了。

杨绛虽然是"陪斗"，但也被一个年轻气盛的小姑娘拉着剃了"阴阳头"。当中有个"陪斗"不愿被剃成"阴阳头"，哭着喊着向那位姑娘跪地求饶。那位姑娘竟然大发慈悲，免去了对她的惩罚。杨绛不愿效仿她，更不愿低头向别人求饶。与其让杨绛委曲求全，她更愿意领罪受罚。即便经历了岁月的洗礼和时光的磨炼，这种傲骨从未在她身上消失过。

在此之前，钱钟书已经被剃了怪头：有人在他的头上剃了一个十字。钱钟书的头发想来是杨绛帮忙修剪了，杨绛所幸给他剃了个光头，那个十字也就随之消失了。据说钱钟书有个同事也被剃了十字，他想去理发店剪头发却被理发师

狠狠地羞辱了一番。最后，非但头发没理成，反倒被扣了纸
篓子。

正当钱钟书为杨绛的头发操心时，杨绛想到了一个好主
意。几年前女儿钱瑗曾经剪过一次短发，剪下来的长发便留
了下来，如今恰好可以用这些头发做一顶假发。于是，她花
了一晚上的时间赶制出了一顶假发。

当时的红卫兵坐公交车是不需要付钱的，所以，公交
车上时常人满为患。每到一个车站几乎都是上车的人多，下
车的人少。到了杨绛上车的那一站只能勉强挤上去一个人，
即便挤上去了也只能站在车门口，有时候就连一个人也挤不
上了。因此，杨绛经常和钱钟书分开坐车，反正也挤不到
一起。

杨绛虽然被停发了薪资，但还是属于公职人员，上车
用的是月票，无须付钱。售票员的目光是何等的尖锐？让杨
绛始料未及的是，售票员一眼就看出她戴了假发。因此，售
票员立马就断定杨绛被剃了"阴阳头"，还指责她是"黑
帮"。车上所有乘客也跟着起哄。此时此刻，无论杨绛如何
争辩，这个"黑帮"的名号算是被坐实了。可转念一想，即
便自己争辩赢了又如何？自己不还是"资产阶级学术权威"
吗？或许这个"罪名"所受的惩罚更严重。她只好保持沉
默，趁着停车开门的间隙立刻冲出车门，离开这个是非之
地。此后，她宁愿走路，也不愿再坐上那样的公交车了。可
是走路也不安全。去单位的路上总会碰到几个调皮的小孩
子，他们的眼睛甚至比公交车售票员还要尖锐。他们看到杨

绛戴了假发后就会朝她跑过去，然后跳起来，伸手去拽她的假发，想要把她的假发拽下来。幸亏他们的家长就在旁边，即时喝住他们，否则她又要出丑了。

杨绛自从被"定罪"后，家里就经常会有人进来搜查，杨绛也被迫交出了所有的财物。据说，有些地方的"老知识分子"已经被"净身出户"。年底时，有不少"老知识分子"都请假了，清理卫生的人连同杨绛在内只有四个。因此，他们的工作量大大增加了。当时，杨绛已经年过半百，身体也大不如从前了，经常会有力不从心的时候。最后因为身体的原因暂停了劳动。

生活上，杨绛也遇到了诸多不便。北京的冬季格外寒冷，这一年比往年都要寒冷，加上这冷漠的人情，简直快把人冻僵了。煤厂已经暂停为杨绛送煤了，想要买煤，就必须亲自到煤厂购买，然后自己搬回家。一开始，杨绛负责买菜，钱钟书负责买煤，两人分工得当。可是卖菜的大娘竟然看出了她的假发，还有意刁难她。此后，她就和钱钟书交换了任务。

杨绛每天下班后都会经过煤厂，然后买上几块煤，足够一天的用度。一次，杨绛特地多买了几块煤。工人不解，问她缘由。杨绛说："六天买七天的，星期日休假。"这话把那个工人逗笑了，他怎么也想不到，这买煤竟然还有休假一说。工人跟杨绛是认识的，以前经常给她送煤。他虽然知道杨绛是"老知识分子"，但是也没有刻意刁难她，还提出要给她送煤，免得她每天都要背煤。后来，他还真送了一车煤过来。杨绛很是感激，在这人情比纸薄的年代里，还有人会如此真心待人。可这件事竟然传到了"极左大娘"的耳中，之后也没人敢再送了。

这位向来盛气凌人的"极左大娘"，最终也是结局惨淡。有人翻出了她的不良过往，自然而然地，她也成了"牛鬼蛇神"中的一员了。院子霎时安静了下来，生活也逐渐恢复了平静，只是这惴惴之气一直弥漫在北京城的上空。杨绛说：

我虽然每天胸前挂着罪犯的牌子，甚至在群众愤怒而严厉的呵骂声中，认真相信自己是亏负了人民、亏负了党，但我却觉得，即使那是事实，我还是问心无愧，因为——什么理由就不必细诉了，我也懒得表白，反正"我自巍然不动"。

一阵阵如雷雨般的辱骂声击倒不了杨绛，生活的苦难也无法令她屈服。即便面对再恶劣的环境，她总能从中找到生活下去的动力。苦中作乐是一种难能可贵的品德。她时常自我安慰道：

假如我短寿，我的一辈子早完了，也不能再责望自己做这样那样的事；我不能像莎士比亚《暴风雨》里的米兰达，惊呼"人类多美呀。啊，美丽的新世界……！"我却见到了好个新奇的世界。

（二）

自从杨绛被"揪出来"之后，似乎整个世界都颠倒过来了：原先身居高位的人成了"牛鬼蛇神"，成日被罚打扫厕所、清理垃圾；原先职位最低的人反倒成了领导，负责监督那些"老知识分子"。

杨绛所在的文学研究所外国文学组在1964年时析出到新成立的外国文学研究所。在外文所里，小刘原本是打扫厕所的女工，每月领到的薪资也是全所最低的。运动打响后，她成了杨绛的领导，扫厕所的工作自然就落在了杨绛的身上。小刘对杨绛的态度算是最好的了，清理材料不够都可以直接向她领取，看到杨绛工作比自己出色，她也没有心生怨恨。在那个疯狂的年代里，一个人的身上若是能保有这两点品性，实在是难能可贵了。但是在面对其他人时，小刘依旧会摆出一副领导面孔来。

杨绛并不觉得打扫厕所是一件肮脏的事情。以往在文学所工作的时候，她经常被认为是脱离群众，不做群众该做的事情，现在反倒有机会做一个真正意义上的群众了。对于扫厕所的工作，她从来没有懈怠过，她总是把厕所打扫得一尘不染，不留一点异味。其实，厕所还有一个特别的功能。杨绛每晚都会抄写几首诗词藏在衣服的口袋中，第二天得空时就会在心里默念。有时候记不起来了，她就跑到厕所里，翻开口袋中的纸，对着上面的文字默诵。所以，从某种意义上来说，厕所倒成了杨绛的"秘密花园"。劳动累了的时候，她也可以到厕所里歇会儿。

任何一个人都有两面性：在众人面前，他的理性思维会占据主导，所做的事、所说的话均要符合个人身份；在面对自我时，他的感性思维会占据主导，做自己想做的事、说自己想说的话。厕所就是这样一个相对封闭的空间，它似乎成为了一个能够让人面对自我的地方。尽管在外面时，即便是熟人相遇也很少说话，可在厕所里，大家总能相互寒暄上几句，即使是与杨绛不熟的人，也会朝她微微一笑。人情在这里绽放，寒冷的北京城里，这里仿佛成了最温暖的地方。多少年之后，杨绛一直记得那张在漆黑的黎明前的笑脸。

越是身处逆境人们的需求就越是简单，有时候一个微笑就能化解别人内心的坚冰，不吝啬自己的微笑是一种美德，能够体会出别人微笑背后的关怀是一种心境。

直至1967年4月24日，杨绛终于结束了在外文所的劳动。同年的6月8日，杨绛的名字终于从批斗者的名单中剔除了。那就意味着，她终于"干净"了。可是，思想虽然干净，要想走出"牛棚"却还要经过一番检讨。

"下楼"前，杨绛面对着"革命群众"做了一番深刻的检讨。她原以为自己可以顺利"下楼"了，可谁料到，当中的一个群众却问她"四个大妖精"是怎么回事。杨绛被问得一头雾水，她自己也不知道，这五个如此突兀的字怎会和自己扯上联系。有人翻开了一本从杨绛手里抢来的笔记本，翻到其中一页，送到杨绛的面前。杨绛一看，上面还真写着"四个大妖精"，且这几个字是出自她的手。

不过杨绛很快就意识到这是怎么一回事了。原来，她当时是想写"四个大跃进"的，怎知道一时笔误，把"跃进"写成了"妖精"，所以才酿成了今日的误会。"妖精"是封建迷信的说法，正是革命的对象，那些"革命群众"正是紧紧抓住这点不放。杨绛暗自庆幸当时没有在笔记本上画上粮、棉、煤、铁的图画，更没有给它们添上眼耳口鼻，否则"妖精"的罪名就算是落实了，她也只能哑巴吃黄连——有口难言。之后，她也因为这两个字被批评了好几次。

五七干校

（一）

杨绛虽然"下楼"了，但她知道平静只是一时的，也许今后会面临更大的困难。暴风雨前的海面总是平静得出奇。次年12月，工人、解放军宣传队进驻哲学社会科学部（简称学部）。杨绛所在的外文所和钱钟书所在的文学所均属学部管辖。随后，所有工作人员都搬进学部集体生活。学部对于年老体弱者有优待，可以回家生活，而杨绛与钱钟书正好划分为年老体弱这一行列。不久之后，学部就开始流传一个信息，说是大家都会被下放到干校，只是时间和地点都未确定。

一日下班后，杨绛像往常一样站在学部门口的公交站旁等待钱钟书的到来，然后结伴回家。过了一会儿，钱钟书从人群中挤了出来，凑到杨绛的耳边，对她说道："待会儿告诉你一件大事。"

听到这话后，杨绛不免有些好奇，但从钱钟书的脸上看不出任何答案。

在公交车上，钱钟书说："这个月十一号，我就要走了。我是先遣队。"

这个消息犹如一道晴空霹雳，直击杨绛的心脏，让她猝不及防。她早知道大家会被下放到干校，也知道这一天不会太遥远，但让她始料未及的是，这一天离现在只有一个星期的时间了，而且这件事是由钱钟书亲口告诉她的。

杨绛不解，幻想着或许能有转圜的余地，于是问钱钟书："为什么你要先遣呢？"

钱钟书回答道："因为有你。别人得带着家眷，或者安顿了家再走；我可以把家撂给你。"

那一天正是1969年11月3日。

钱钟书是在1910年11月21日降生，所以，再过十数天就是他的六十岁生辰。杨绛早就开始为他的生辰做打算了，只是人算不及天算，未等到生辰的那一天，钱钟书就要起行。因此两人定下了一个约定：等到了钱钟书生辰的那一天，不管两人身在何方，一定要吃一碗长寿面，算是庆祝。她知道，这个机会太难得了，不知下一个十年两人还能不能有这样的机会。

接下来的几天里，杨绛一直在为钱钟书整理行李。有太多的东西需要带走：衣服、书本、笔记等，几乎要把整个家都搬空了，但她似乎还是觉得落下了什么东西。她隐隐感到心痛，仿佛钱钟书只要一离开家门就再也不会回来了，而面对着这样一个事实，自己又无可奈何。

钱钟书一直到临行前的两天才回家。相聚匆匆，很快，离别就在眼前了。那天，杨绛、钱瑗和王德一一同送钱钟书到火车站。王德一是钱瑗的丈夫。1967年的最后一天，他与钱瑗在北京登记结婚，之后就一直与杨绛同住。

钱钟书之前说，愿这一世只有死别没有生离。在最艰难的时刻里，杨绛和钱钟书一直坚守着这份约定，互相依偎，只可惜这一次，他们的愿望还是破灭了。送别永远都是一个沉重的话题，无论于送别人而言，还是于离别人而言，更何况双方都不知归期是何时。

杨绛和钱钟书都不喜欢离别，所以，未等火车开动，杨绛就先行离开了。通往火车站出口的路程并不远，但是杨绛却走了很长时间。一来，火车站里挤满了人，大多都是来送别亲人或者朋友的；二来，越是往出口迈一步，杨绛的脚步就越是沉重，仿佛有无数只手在将她往后拽。每走几步，她总是要回过头看看。火车依旧没有启动，只是已看不到钱钟书的身影了。

1970年7月12日，杨绛也被下放到干校。于她而言，她一方面希望自己能够早日与钱钟书相聚，另一方面，她又放心不下自己的女儿。就在一个月之前，女婿王德一因为不堪受辱，自杀身亡了。钱钟书离开北京时有三人来送行，而这次杨绛的离别，送行的只有钱瑗一人。杨绛知道女儿是一个坚强的人，她一个人在北京应该会生活得很好，这让杨绛心安不少。

与送别钱钟书时的场景一样，杨绛也让钱瑗先回家，以免离别时候太难过。透过车窗，看着女儿离去的背影，她的心里很不是滋味。她闭上眼睛，想让这薄如蝉翼的眼睑将离别的愁绪隔离，可是，当她一闭眼，往日的画面便如电影般在她脑海中闪现，让她觉得难以呼吸。当她再次睁开眼睛的时候，钱瑗的身影已然消失在人海当中了。闭上眼，眼泪早已滴落在胸口。

（二）

干校的生活非常辛劳。当时正值夏日，白天气温很高，尤其是午后，人不能长时间顶着烈日劳作，否则很容易中暑。因此，人们的作息也要作出相应的调整。比如，以往都是吃过早饭后再进行劳作，到了干校后，凌晨三点钟天还未亮就要开始下地，直到六点才能吃上早饭；早饭过后继续劳作，直到正午；下午天气炎热，不劳作；等太阳下山后，大家又要下地，一直做到夜幕降临。

杨绛是在菜园班，日常的工作就是整地和种菜。但是，在息县的干校种菜可不是一件容易的事情。息县极为干旱，经常数月不下雨，土地硬得如同一块钢板。虽然此前拖拉机已经翻了一遍土，但是土块太大根本无法耕种，还得依靠人力将它锄碎。大家花了九牛二虎之力才把土地整好，然后在上面播下了菠菜的种子。杨绛在播下一粒粒种子的同时也播下了自己的希望，期待着心里的愿望能够和地里的种子一样发芽、成长。然而，一个月过去了，地里依旧荒芜一片。直到有一天下了一场大雨，地里才慢慢冒出嫩芽来。经此一事，大家决心挖一口井，这样即便在干旱的日子里也有水源以供灌溉。

原以为在坚硬如钢铁的土地里挖土已是一件极其困难的事情，没想到在泥泞的土地里劳作，其苦难程度更是有过之而无不及。但即便环境如此恶劣，大家干活的劲头没有下降，因为大家知道：条件越是恶劣，获得的报酬越是丰厚。面对着藏污纳垢的土地，大家没有任何怨言。或许一开始会有一种本能的抗拒，但当脱下鞋，赤脚踩入泥地里的那一瞬间，这种反抗也就化为乌有了。这就好比做一件不喜欢而必须要做的事情，起初总会想着如何去回避这件事，以免自己难堪，可当你着手去做的时候，你想得更多的不会是如何让自己尽快从中抽离出来，而是如何把这件事做好。

在干校里，班长算是对杨绛特别照顾了。他经常派杨绛去取种菜用的工具，因为这些工具是归钱钟书管理的。借取工具之后自然是要归还的，这样杨绛便可与钱钟书有更多相见的机会。钱钟书工作的地方离菜园很近，从菜园到那儿不过十数分钟。所以，菜园里的同事时常会看到杨绛兴高采烈地去领取工具的背影，也会看到她拿到工具后回到菜园时的满脸笑容。

钱钟书除了管理农具，他还是干校里的通信员，负责发放信件和报纸。所以，他经常趁着工作的间隙，借着自己可以自由行走的便利，特意跑到菜园来看望杨绛。钱钟书与杨绛工作的场所被一条小溪阻隔着，每每来菜园时他都必须绕道。后来，杨绛在偶然间发现那条小溪快要干涸了，水面最窄的地方仅一步之遥。钱钟书可以直接跃过小溪来跟杨绛相见，这样可节省不少时间。

菜园里有一位姓区的诗人。一次，他去了离菜地不远的砖窑，回来时怀里竟然抱着一只小狗。小狗毛色发黄，很是可爱。有人便开始捉弄这位区诗人，打趣地叫这只小狗为"小趋"。"区"与"趋"字虽不同字形但常被读作同音。起初，区诗人无论如何也不答应，只是后来大家叫得顺口了，他也就默认了。

小趋刚出生没多久，只有一丁点儿大，菜园里没有奶制品，给它吃的无非是一些五谷杂粮，而且数量也不是很多，所以它看起来非常弱小，老是长不大。厨房里虽然有不少剩余的东西，但这些东西是用来喂猪的，不能拿给它吃，毕竟猪是农业生产的重要部分。

钱钟书得知菜园里养了一只狗后，每次来菜园都会带一些骨头给小趋。因此，小趋一见到他就会疯狂地向他跑去，然后朝他不停地摇尾。多少个时日里，它与杨绛一同默默地守着这片菜园。在杨绛心里，小趋早已是自己的一个玩伴。它的眼光是最亮的，鼻子也是最灵的，每每都能抢在杨绛前头看到远处的钱钟书。就在一瞬间，它会"嗖"的一声站起来，火速冲向钱钟书，在他的脚边绕来绕去，他根本无法迈开步子。杨绛走上前去，将它叫住，与钱钟书并肩朝菜园走去，小趋一直跟随在他们的身后。

杨绛经常会去钱钟书的宿舍吃饭，小趋也会跟着前去。杨绛知道狗窝关不住它，于是便把它锁在窝棚里，以为这样小趋就不会再跟过来。可当她走到砖窑附近时，小趋却早已跑出来了，不近不远地跟在她的身后。杨绛假装严厉，朝它呵斥一声。小趋似乎能够体会人心，不上前也不退后，就静静地站在那儿。杨绛原以为它过段时间就会自己回去了，可到达钱钟书宿舍时，小趋却跑在了杨绛前面，朝钱钟书欢快地摇尾巴。

看到小趋，杨绛就会想起之前走失的"花花儿"。那已是二十年前的事情了。钱钟书和钱瑗都在城里，只有周末才能回来。多少个夜晚，杨绛独自走在回宿舍的路上，花花儿总是在路旁的树丛等她，看到杨绛走过来，它就跳出来。起初，杨绛总是被它吓一跳，后来却觉得很温暖。在那个人人自危的清华里，或许只有花花儿愿意与她结伴同行。只是搬到中关园后，花花儿就走失了。后来，她也没有再养过猫了。

小趋也学花花儿，杨绛从菜园回来时，它也突然从路边蹿出来。它很通人性，只是乖乖地在旁边跟着。

不久，干校里传来消息，大家要准备搬迁了，从息县搬去明港。杨绛本想把小趋也带上，可是领导坚决不让，她只好把小趋寄养在当地的解放军军队里。临行前，再三叮嘱他们一定要照看好小趋。有位解放军战士信誓旦旦地答应杨绛一定会养活它，她这才放心离开。

感情不是人类所特有的，动物同样也有。杨绛走的那天，小趋并没有来送别，也许它还不知道发生了什么事。后来听说，他们走的那天，小趋什么也没吃，什么也没喝，一直在哀嚎。想必，它心里也难过。杨绛也会时常想起小趋，她问钱钟书："小趋不知怎样了？"

钱钟书回答说："也许已经给人吃掉了。"

杨绛心想，若是真给人吃掉了，也不算什么坏事。最坏的事情是，它成了一条母狗，带着一窝小狗到处觅食。

（三）

杨绛曾与一个女伴一起寄宿在杨村的一个农户家中。农户家里养了一只小猫，这只小猫的品性自然不及花花儿，它经常会做坏事。

有一天晚上，杨绛和女伴从干校回来。远远地，杨绛就发现床上放着什么东西，只是光线太暗，她无法辨别清楚。她用手电筒朝床上照去，当光线落在那东西上面的时候，杨绛着实吓了一跳。床上是一只死老鼠，肚子已被破开，内脏全部被挖出来放在一边，鲜血染红了被单。想必这又是那只猫的杰作。当晚，杨绛彻夜未眠，次日一早，她就挑水洗被单。虽然她已经清洗了很多次，虽然被单上的血色早已褪去，可杨绛依然觉得没有洗干净，似乎只要一闭眼，那只老鼠的尸体就会浮现在她的眼前。这件事犹如一颗豌豆种在了她的心里，无论她再怎么清洗，只要她认定有这件事情存在，这颗豌豆就会在她的心里萌发。

见到钱钟书时，杨绛立刻把这件事告诉他。钱钟书听完之后反而笑了一下，还说这是一个好兆头。他用灯谜里的拆字之法辩解了这件事：老鼠的内脏被挖出来，示意与尸体分离，取其"离"字；"鼠"与"处"谐音，取其"处"字。

所以，这件事有"离处"之意，示意将要离开这个地方了。杨绛听后大笑不已，她学着"革命群众"的口吻说道："你的思想根源，昭然若揭！想离开此地吗？休想！"

其实，杨绛和钱钟书心里都明白，除非得到允许，否则，想要离开干校几乎是不可能的事情。既然不可能，就不要一门心思地往那方面去想，不然就是徒劳，只会给自己增添烦恼。这个道理同样适用于生活当中，脚踏实地永远比空想更有用。想象与现实是一种矛盾，而且这种矛盾是客观存在的。如果客观条件达不到想象的高度，那也只能接受现实。所以"理想很丰满，现实很骨感"这句话是有依据的，杨绛和钱钟书正面临着这个问题。

谁也没有料到的是，钱钟书的一时"胡言"竟然实现了。一天，钱钟书兴致勃勃地跑到菜园，把这个消息告诉了杨绛。杨绛听后喜不自禁。原来，钱钟书从一个同志那里得到消息，说是北京方面给干校发了电报，让干校安排一批年老体弱的同志回京，而他的名字正在这份名单上。

杨绛想着，钱钟书回到北京后恰好与钱瑗有个照应，这样她也安心不少。钱瑗虽说是一个坚强的姑娘，但是让她一个人身处于流言之中，杨绛总归是有些不放心的，更何况女婿王德一的离世也与这些流言蜚语有着千丝万缕的联系。钱钟书回去之后可以与钱瑗同住，在往后的生活中，二人可以相互扶持，在面对传言和批斗时可以相互支持。而于杨绛自己，她已做好了长期留在干校的准备了。

几日过后，钱钟书特地赶来菜园，告诉杨绛一件喜事：

回京名单已经下来了，上面确实有他的名字。杨绛得知这个消息后，便开始想着如何给他收拾行李，只等回京时间确定下来，她就立马着手准备。然而，她接连等了好几天也不见有人来通知她。

又过了几日，钱钟书再次来到菜园，不过这一次，他什么也没说。杨绛等得有些着急了，问他回京的事。钱钟书回答说，名单里没有他的名字。

杨绛的脸色一下子就沉了下去，犹如夏日里的雷雨，原本还是晴空万里，突然间就电闪雷鸣了，期间没有任何征兆。所以，正应了那句老话：希望越大，失望也就越大。要不是钱钟书前几日的那几句话，杨绛决计不会想到要离开干校。这就好比给一个人巨大的希望后又无情地将希望磨灭，这是一种极其残忍的做法。越是拼命想要得到的东西，当它失去的时候，就越是一种折磨。

回去之后，杨绛细想了一番，她似乎找到了其中的缘由。当他们还在文学所工作的时候，钱钟书曾经被莫名其妙地批斗了一次，原因是有人贴大字报指责他对领导的作品有轻视之意。其实，这件事是有人捏造的，但在当时的社会里，大家仿佛都丧失了理智。有人对此特意作了一番查证，但终究还是没有找到证据，否则钱钟书怕是已经受到"特殊待遇"了。之后，军宣队插手了这件事，虽然他们没有查到证据，但是既然有人举报，那就说明这件事情并非空穴来风。最后，这件事情被写进了钱钟书的档案。如今钱钟书的名字突然从回京名单中被剔除，想必跟他的档案有关。

次日，杨绛把档案一事跟钱钟书说了一通。没想到，钱钟书非但没有表态，反而说杨绛无聊。对于已成定局的事情，钱钟书向来不喜多言，因为事情已经无力挽回了，就算想再多、说再多也是枉然。杨绛不免感叹自己不如钱钟书豁达。

杨绛看着眼前的一个窝棚，对钱钟书说："如果我们也有这样一个棚，我们就安心地在这里住下吧。"

钱钟书想了想，"住下来是可以的，只是没有书。"

于杨绛和钱钟书而言，物质条件不是他们所追求的，在简陋的环境里他们依然能够自得其乐，这是一种心境；但是精神世界的匮乏是他们所不能允许的，书本犹如他们的精神食粮，是万万不能断的。

人的一生中或许有很多东西需要去追求，有人追求名利，有人追求权力，有人追求金钱……这都无可厚非，但是这些身外之物不能也不应该成为人生的唯一追求。物质容易让人烦躁，一味地追求物质容易让人迷失自我。当青丝转为白发时，你会发现，在自己的一生中，能够沉淀下来的也就只有自己的内心。

杨绛又问："你有没有后悔当初没有选择离开？"

钱钟书不假思索地回答道："时光倒流，我还是照老样。"

杨绛呢？即便回到从前，她也会做出同样的抉择。钱钟书在选择面前表现得很果敢，他一旦认定一件事情就会坚持到底，从不后悔自己的选择。杨绛自知没有钱钟书果断，她总会考量一番。可往往他们都会做出同样的决定。殊途同归，这就是默契。

干校搬迁后的一段时间里没有什么活可干了，大家终于得空，终日闲得发慌，可就是不能离开这里。干校离火车站很近，只需一个小时就能走到。可是拿不到证明，即便到了火车站也买不到票。

杨绛得了严重的眼疾，干校的医疗条件太差，无法对症下药，她便向军宣队提交了申请，希望能够准许她回北京治疗。其实，她还是有一点私心的，她想着在治疗眼疾的同时还能回家看看钱瑗。令她喜出望外的是，军宣队批准了她的请求，她可以名正言顺地暂时离开干校的大门，踏上开往北京的列车。

眼睛痊愈后，杨绛带着钱瑗到明港来看望钱钟书。出发前她已经将火车班次告知钱钟书，想必钱钟书早就在火车站等候了。可是，他们下车后却发现火车站里根本没有钱钟书的身影。无奈之下，他们只好先回到干校。杨绛不知道的是，就在自己离开的这段时间里，钱钟书得了哮喘，高烧不退，还是医务员的两针退烧药救了他的命。

1972年2月3日，干校里又传来消息，说是第二批回京名单已经下来，杨绛和钱钟书的名字就在其中。这一次，杨绛并没太过兴奋，不是因为担心名单会有变数，而是因为大家没能跟她一同回去，实在是遗憾。可转念一想，既然第二批回京的名单已经下来了，想必用不了多久，大家也能分批回家了吧。

杨绛在干校生活了将近两年时间。对等待中的人来说，时间是最大的敌人。等待是一件痛苦的事情，人们总希望能够早日知道自己的结局，即便结局不尽如人意，但也比在等待中受尽精神的煎熬来得痛快。然而杨绛和钱钟书全然不是这样一种状态，他们想的是：既来之，则安之。既然无法改变，既然不知归期是何年，既然知道反抗只会撞得头破血流，那就想办法调整自己的状态去适应周围的环境。

在干校劳动的这段时间里，杨绛并没有觉得这是一种变相拘留，也没有把它看成是对自己的一种束缚，她依然能够找到生活中的乐趣，依旧对美好生活充满希冀。一个人最可怜的不是当下的生活是否美满，而是自己失去了信念。

北师大里

（一）

再次回到北京时，杨绛已经年过六旬了。回首过往，她的前半生一直在漂泊。年少时，她曾两度往返于京城与江南之间。青年时，为了求学，她从东吴转入清华，又与钱钟书携手前往遥远的牛津和巴黎。在二十六岁时，她临危受命，带着王季玉校长的寄托在"孤岛"上海建立振华分校。中年时，她不畏艰苦，毅然选择留在祖国，安心等待解放。再次来到清华时，她感慨万千，决心将自己的一切奉献给祖国的教育事业。被批斗时，她毫无怨言，心甘情愿下放干校参加劳动。

家对于杨绛来说有一个特别的意义。直至当下，杨绛还没有一个固定的住所，她所住的地方无非是暂租的出租房或是单位的宿舍。所以，在杨绛心里，房子永远不等于家，有家人、有亲情才能组成一个家，即便是生活在一个牛棚里。从小，父亲就教育她，房子和家产只会束缚儿女，物质不是人的一生中唯一追求的目标。父亲淡泊名利的性格深深地影响着杨绛，在年少的杨绛心里播下了一颗高风亮节的种子。但是，她的心底里还是希望有一个安定的住所的，或许这也是每一个人的理想，只不过她对于居住的条件没有任何要求。

人们常以浮萍来形容身居客乡的人们。"浮萍漂泊本无根，浪迹天涯君莫问"。也许，也只有真正漂泊过的人才会懂得家的含义：在自己身心俱疲的时候，有一个地方能够让自己毫无保留地卸下伪装，无所顾忌地睡上一觉；在自己丧失动力和意志的时候，会有人为你摇旗呐喊，并且告诉你，他永远是你坚实的后盾；在自己午夜梦回的时候，有一片港湾能够安放你这颗孤独的受伤的心。

值得庆幸的是，这些年来，钱钟书一直陪伴在杨绛左右。当然，其中有几年他在云南和湖南任教。杨绛认为，只要有钱钟书和钱瑗在，家就在。多少年过去了，她依然能够保持一颗纯真的心，那是因为她的所思所想是如此简单，而这种简单又是多少人用一辈子的时间寻寻觅觅却寻求不得的东西。"蓦然回首，那人却在灯火阑珊处"，原因是，心思复杂了。

杨绛原本以为从干校回来就能过上安稳的日子了，能够实现自己渺小而宏大的心愿。只可惜事与愿违，在通往宁静的道路上依旧存在着阻碍。

当时的社会里，住房是一个难题。杨绛和钱钟书在干校劳动的这段时间里，组织上将他们的宿舍一分为二，其中一半安排给了一个年轻的同事。对于这件事，杨绛一直没有计较。可树欲静而风不止，虽然杨绛无心和别人争夺，但是总有人喜欢挑起事情。由于身份特殊，所以在任何事情上杨绛都讨不着好，即便自己有理。杨绛一心想与人为善，可对方却一直摆出一副咄咄逼人的态度。在宿舍居住了九个月后，杨绛和钱钟书实在是忍无可忍了，终于在钱瑗的建议下，和钱钟书一起"逃"到了北京师范大学。杨绛清楚地记得那是1973年12月9日的下午4时左右。

钱瑗将他们带到宿舍门口，他们还未进屋坐下，旁边的同事们便都围了过来。当得知他们没有携带什么行李时，大家纷纷返回各自的房中，为他们送来了被褥碗碟刀铲等日常生活用品。杨绛心里很是感动，正所谓"锦上添花易，雪中送炭难"。同时，她也为钱瑗能有这样一群热心肠的同事而感到欣慰。

钱瑗打开门上的锁，让大家进去，可她却背对着宿舍，戏说道："啊呀！不好了，太暴露了。"原来啊，是因为宿舍非常凌乱，所有的碗碟都被用来调颜料了，还没来得及整理，钱瑗显得有些不好意思。或许她从来没有想过，有一天自己的父母会到北师大的宿舍来。

　　杨绛是喜欢整洁的。在日常生活中，她总是把家里打扫得一尘不染，所有东西都有固定的位置和固定的形状。钱钟书和钱瑗却比较随性，经常会打乱杨绛的布局。在这三口之家里，谁都知道对方的性格，谁都知道对方一定不会轻易地改变自己的习惯。所以，经常可以看到杨绛忙碌的身影，她甘愿做一个在背后默默付出的人。

　　很久之前，她觉得母亲就是因为一直忙于家务而忽略了对子女的照顾，也消磨了自己的理想。当她成为一位母亲时，她才知道，与其说这是一种习惯，倒不如说这是一位母亲对一家人无私的奉献。她终于理解母亲的做法，也理解母亲要照顾一家那么多口人的不易，因为，曾几何时，自己也成为了即将消失于记忆中的那个熟悉而陌生的忙碌的背影。

　　夜幕将至，杨绛已将宿舍的内务整理好了，清洗了所需的碗筷，并在走廊上生起了煤炉。炊烟袅袅升起，一团温暖的火苗也在他们三人的心里徐徐燃烧。这种温暖不仅来自朋友们的关怀和帮助，也来自他们三人本身。即便条件再简陋，但杨绛的心里是温暖的。这是她梦寐以求的愿望：在不大的屋子里，与家人一同吃着晚饭。

　　冬日的北京气温骤降，三人心底的温暖终究还是抵不过凛冽的寒风。宿舍里时常会停电，而且暖气也停了。国庆一过，若是没有暖气，整片北方土地就犹如一个巨大的冰窖，蚕食着每一人身上的余温。杨绛从家里"逃离"出来的时候由于是临时起意，加之行色匆匆，所以没有携带多少衣服，寒冷的冬夜里，她只得蜷缩在床上。

　　杨绛不敢回家拿衣服，担心碰上了邻居，到时候有理也说不清。她和钱钟书虽然从干校回来了，但是他们的身份并没有改变，起码在"革命群众"的心中他们依旧是"资产阶级学术权威"，仍然是被批斗的对象。只要是人们的"敌人"，那么任何一个"革命群众"都可以对他们进行声讨和体罚。无奈之下，她只好求了所里的一个与她交好的转业军人老侯，在他的陪同下，她才敢回家整理行李。

　　学校里有人要出国，他居住的小红楼也就空下来了。原本钱瑗的同事要搬去那儿，当他们得知杨绛和钱钟书正挤在一间朝阴的小宿舍里时，他们主动让出了小红楼里的两间房间，自己则留在原来的宿舍里。这件事一直让杨绛很感激。此后，小红楼也就成了她温暖的家。

（二）

　　小红楼的确很好，房间宽敞，采光也好，两户邻居都很和谐，住在这里也着实让人感到舒心。房间里有上一个住户留下的家具，所以只需将宿舍的衣物和被褥搬过去就可以住了。

　　钱钟书自从下乡回家就变得格外勤劳，与以往仿佛判若两人。所以，在打扫灰尘、整理房间的时候他当仁不让。这让杨绛觉得很暖心，但也因为这件事引发了他的旧疾——由于在打扫的时候吸入过多灰尘，又感染了风寒，他的哮喘又犯了。

　　在干校的时候，钱钟书就曾经得过哮喘，情况非常严重，还伴着高烧。干校的医疗条件很差，里面只有一个女医务员，而且她的技术也不是很好，她甚至从来没有给病人打过静脉针。钱钟书的药需要静脉注射，那位女医务员拿起针时人就慌了，以至于注射完成后她都忘了要解下系在他手臂上的橡皮带。不过，也幸亏她及时地为钱钟书打了针，他的身体这才渐渐好转。因此，在看望钱钟书的时候，她打趣说："钱先生，我是你的救命恩人！"她的确没有夸大其词，如若她当时不敢为钱钟书打针，而是转去其他医院，怕是情况会更糟。

运动发生后，钱钟书的医疗等级下降到了卫生院。每次去卫生院看病，医生都只是给他开点药，这并不能根治他的病。后来，哮喘越来越严重了，每次发病时他都无法平躺，必须坐起来；喘得厉害了，还得下床站起来。冬日的深夜，时常会看到小红楼的房间里灯火通明，那是因为这个时候钱钟书的哮喘犯了。杨绛则一直在旁边陪伴着，钱钟书不睡，她也不睡。

有一次，她看到钱钟书静静地趴在桌子上，不喘了。四周一下子安静了下来，这种寂静让人觉得心里发毛。她突然心里一紧，以为他出什么事了。她连忙伸出手去，紧紧地握住钱钟书的手，他的手也回握着她的手，她这才觉得心安。同时，她不免觉得有些懊悔，她不该打扰到他。有这么一个他能平静地进入梦乡的夜晚，是一件多么不容易的事情啊！清醒后，他又开始喘了。那一夜，她就在这悲喜交加中度过了。

元旦过后，钱钟书的病情突然加重了。钱瑗下班回来得知父亲的情况后急忙找车送父亲去医院。学校是有汽车的，但是学校也有规定，校车只能接送教师而不能接送除教师以外的其他人，包括家属。钱钟书属于家属的行列，按理说是不能乘坐校车的，但恰好当天学校里有位教师要去北医三院做检查，司机也就答应顺道送钱钟书到北医三院。

然而，杨绛等了许久也不见校车到来。眼看钱钟书的病情随时有可能恶化，她急得坐立不安。一位邻居看到这种情况后连忙跑去校医室，想来校车有可能在校医室门口等候了。果真，校医室门口正停着一辆汽车。那位邻居将校车指引到小红楼门口，众人合力将钱钟书扶上车。一路上，钱钟书仍旧气喘不止，杨绛的心一直紧绷着，从来没有放松过。他在喘气，虽然声音很不和谐，虽然他很痛苦，但这也证明了他还在。

到达医院后，在司机的帮助下，众人合力将钱钟书送进了急症室。钱钟书在医院躺了将近四个小时才渐渐清醒过来。以他当时的医疗等级，他是不能在北医三院这样的大医院治病的，医院也没有义务为他治病，能够把他从生命线上抢救回来已经算是"格外开恩"了。所以，当他脱离生命危险后，医院也就不再为他治疗了。

天寒地冻的冬夜里，母女二人围在钱钟书的身旁，静静地等待着。谁也不会知道杨绛当时的心情。或许有人会想，倘若她在解放前夕选择去往英国，那么接下来的所有事情都不会发生，她不必接受批斗，不必下放到干校，不必在濒临绝望中等待校车的到来。但是即便如此，她也从来没有后悔自己当初做的选择。在她的心里，对祖国的热爱超乎一切，她深信这一切都会好起来的，祖国也会越来越强盛的。

杨绛的身边时常会出现一些好人，或许这也是因为她卓尔不群的人格魅力吧，亦或是说这是社会对她的回馈，这是她用自己的信任和坚守换来的。校车司机就是一个热心肠的人。因为要送看病的教师回学校宿舍，他先行离开了。临行前，他告诉钱瑗，但凡钱钟书有需要，他都会尽力帮忙。

三个人一直在医院待到午夜十二点。他们犹如被遗忘在人海中的三个流浪者。在寒风凛冽的冬季深夜里，谁也不会想起这饥寒交迫的三个人，也唯有那位校车司机，在这个时候从床上爬起来，穿上厚重的棉衣，围上围巾，开车来医院接他们回家。

在寒冷的天气里，人的热量散失得很快，摄入的食物早已伴随着口中的哈气而消耗殆尽。到家时，他们各个都已经精疲力竭了。去医院前，杨绛特意在被窝中放了一锅粥，现在打开来还冒着热气呢。这顿迟到了六个小时的晚饭在不言中度过了。

校医室的护士为人也挺好，她知道钱钟书行动不便，特地登门为他打针。人的爱心和信念能够汇聚成一股强大的力量，战胜任何艰难险阻。在杨绛的悉心照料下，钱钟书的病终于有所好转。

后来，他也能走路了，只是不太稳。慢慢地，杨绛发现他的身体越来越没有力气，搀扶他走路的时候，他的身体的重力全落在了杨绛一个人身上，仿佛自身完全失去了支撑点。他的字也不像以前那般漂亮了，有几个字竟然东倒西歪；他说话也不像以前那般利索了，发音都是不准确的，似乎舌头不受控制了。

杨绛担心钱钟书的身体里长了什么东西，以至于压迫神经，使他的行动变得迟缓。在朋友们的帮助下，杨绛带着钱钟书去到两家大医院做了检查，检查结果都显示，他的身体里没有长肿瘤。这算是一个好消息，也让杨绛松了一口气，同时却有另外一个坏消息在等着她：钱钟书的运动异常是由于大脑皮层缺氧所致，可以说是哮喘的后遗症，目前还没有针对这种病的治疗方案，只能靠他自己慢慢恢复。

钱钟书总算没有性命之忧了，在接下来很长的一段日子里，他都需要杨绛无微不至的照料。杨绛想起了父亲感染风寒，危在旦夕时的情景，那时的母亲正为这件事而里里外外奔波不止，但她从未有过任何怨言。也许父亲始终都不知道珍珠粉的秘密。

冬去春来，阳光将所有雾霾驱散，寒风不敌阳光的温暖而向北退去，空气格外清新，大地也逐渐恢复了生机。

1974年5月22日，杨绛退还了小红楼，把家搬到了文学所里的一间办公室里。

七、期冀：

守得云开日月明

心苦幽兰 品如劲竹
杨绛传

北京寓所

　　杨绛和钱钟书搬进学部后，与北师大朋友的来往也就渐渐减少了，这不免是一件遗憾的事情。幸运的是，文学所和外文所的很多同事对他们都格外照顾，这让他们的心灵得到了不少慰藉。更让杨绛和钱钟书高兴的是，文学所的图书室离他们所住的办公室很近，他们可以时常借阅书籍。钱钟书曾经担任过图书室的主任，里面的一部分书籍都是由他购买的。早年，有学生曾"放任"他买各种各样的书籍，在茫茫书海中，他总能挑选到称心如意的书籍。有了那次的经验，他管理起图书室来就显得得心应手了，图书室里随处可见古今中外的名著典籍。在学部养病的这段时间里，钱钟书除了有杨绛和一帮年轻的朋友们作伴，闲暇的时候，他还可以遁身于书丛中。

　　经过四个月的修养，钱钟书的身体已经渐渐好转，说话也变得利索了，双手可以握笔了，只是还不能直立行走，出行得靠轮椅。这个时候，钱钟书正在编写《管锥编》，杨绛则在翻译《堂吉诃德》。

　　无论处境多么艰难，杨绛和钱钟书从未放下手中的笔，也从未合上早已疲惫不堪的双眼。于他们而言，读书和写作已然成为生活中的重要组成部分，早已与自己的灵魂融为一体。离开了阅读，生活就会变得索然无味；离开了写作，他们又找不到合适的宣泄自我的途径。1958年的时候，各种运动接二连三地开展，杨绛的《菲尔丁在小说方面的理论与实践》就被当成是一面"白旗"拔掉了。自此，她对学术文章的写作有些意兴阑珊了。所以，她暗下决心：此后再也不会写文章了，只做翻译。为此，钱钟书还笑她"借尸还魂"，其意思再明显不过了。

在杨绛和钱钟书搬入学部的这个月月初，钱瑗与她的第二任丈夫杨伟成登记结婚了。1969年末到1972年，钱钟书和杨绛先后下放干校，离开了这个"是非之地"。也许，这对他们来说算是一个解脱。偌大的北京城依旧是一个让人惴惴不安的地方。当时，钱瑗看到一个"革命小将"正在为难一个老妇人。出于对老妇人的关怀，钱瑗毫不犹豫地伸出了援助之手。老妇人觉着钱瑗为人温和、心地善良，想让她做自己的儿媳妇。但是钱瑗并未同意。这位老妇人就是杨伟成的母亲。

杨伟成的母亲很是喜爱钱瑗，所以，在杨绛和钱钟书返回北京的时候，她就登门拜访，还让他们见了自己的儿子。杨绛和钱钟书都很满意这门婚事，只是钱瑗并不想成婚，她一心想陪伴父母左右。当时大家都还在北师大，杨绛暂住的小红楼终归是要还给人家的，钱瑗早已打定主意，即便大家重新住回原来的小宿舍，也好过与父母两地分离。杨绛不想给女儿压力，也不想因为自己的意愿而左右女儿的幸福，毕竟往后的日子得由她自己走，自己和钱钟书"都是要走的"。最终，钱瑗还是嫁入了杨家。

钱瑗与杨伟成结婚后，她还是选择与父母同住，直至杨绛和钱钟书搬去学部的办公室。办公室的面积不大，没什么家具，其中有两张桌子，一张是钱钟书工作时用的，一张是杨绛工作时用的。办公室的条件很简陋，甚至比刘禹锡的陋室还要简陋，至少没有"苔痕上阶绿，草色入帘青"的美景。但是，"山不在高，有仙则名；水不在深，有龙则灵"，这间"陋室"里也经常会有博古通今的人出没。

钱钟书当时还是毛选英译委员会"五人小组"的成员，袁水拍曾来这里转达项目负责人江青的话，希望钱钟书可以继续参与工作。至于这"五人小组"到底是哪五个人，杨绛已经记不清了，只记得乔冠华、叶君健和钱钟书都是其中之一。杨绛担心钱钟书的身体，以需要养病为由推辞了。可没想到，袁水拍回答说，可以把办公场地搬到这里来。后来，便真的搬过来了。谁能想到，在这间小小的办公室里，曾经有一种"群英荟萃"的场面。

1977年1月，有人把一串钥匙交到了杨绛手上，并且开车送杨绛和钱瑗去看新房子。这套房子就是三里河南沙沟寓所。这里不仅环境非常清幽，而且离钱瑗的学校很近，她时常可以来这里居住。寓所有四室一厅，其中一间房间是杨绛和钱钟书特地为女儿留的，希望她有空的时候可以常回家看看，这也是天下父母共同的心愿。杨绛对这里很满意，用她自己的话说就是：

自从迁居三里河寓所，我们好像跋涉长途之后，终于有了一个家，我们可以安顿下来了。

　　的确，三里河寓所是杨绛真正的家。不仅仅因为这是真正属于杨绛的房子，她可以在其中肆无忌惮地挥洒墨水，更多的是因为这里充满了浓浓的亲情。他们的亲情是超乎地域限制的。每当其中的一个人身处异乡的时候，他就会把在客乡见到的人和发生的事情记录下来，待到自己回家时拿出来与家人分享。而家里人也会把自己经历的奇闻异事记录下来，与他分享。他们把这些故事叫作"石子"，那么出行即是"捡石子"，回家后与家人分享即是"交换石子"。有趣的一点是，这些石子不会因为交换而减少，其数量反而会增加。这就好比，一个人在思考问题的时候总有一定的局限性，但当大家集思广益的时候就能发现许多新的观点。所以，即便有人会离开一段时间，他们也从来不会遗漏掉对方生活中的点点滴滴。

　　参与到家庭成员的生活当中对亲情至上的杨绛来说是一件非常重要的事情。这还得感谢胡乔木。按杨绛的猜测，这套房子应该是胡乔木分配给他们的，只是他从来没有提及房子的事情，杨绛也没有问。

举世译作

（一）

　　《堂吉诃德》是西班牙作家塞万提斯在17世纪初期创作的小说，作者分两次出版，共有上下两册。《堂吉诃德》是西方文学史上第一部现代小说，它在西方文学史上的地位是无可取代的，它更是世界文学宝库中的一颗璀璨明珠。

小说讲的是一个年逾半百的老人向往书中所描述的骑士生活，于是放弃原本安逸的生活，装扮成一个骑士，并且出去"行侠仗义"的故事。故事的主人公吉桑诺生活在西班牙拉曼却的一个小乡村里，家里共有四个人，除了他，还有外甥女、女管家和一个帮工。虽然家里并不是特别富裕，但是物质生活算是挺美满的了。或许是因为精神上的匮乏，导致他深深地被小说中的故事情节所吸引，并且痴迷于骑士的生活，向往着有朝一日自己也能穿上战袍、拿起长矛和盾牌、骑上马背化身为骑士。终于有一天，他决定付诸行动，把自己装扮成骑士的模样，离开生活了半个世纪的小乡村，出去闯荡天涯。

他对书本内容的痴迷程度已经到了忘乎所以的境地，书中所说的任何事情他都深信不疑，以至于他总把现实生活中发生的事情融合到书本的故事当中，比如：他把客店看成堡垒，把老板当成是堡主。所以，在他的旅途中时常会发生一些让人捧腹大笑的事情。他所信奉的骑士精神就是锄强扶弱和见义勇为。每当他看到弱者受欺负时，总是第一个站出来，指责那位强者。一个小牧童因为在放羊时不小心丢了羊而被富农责罚。这事恰好被吉桑诺看到了，他毫不犹豫地上前指责富农的不是。一开始，富农的态度是有所转变的，可当他离开后，富农还是打骂小牧童。由此可见，吉桑诺"行侠仗义"的结果与他设想的截然相反。然而，他并没有意识到这一点，依旧按照自己的想法行事，以为自己是一个受万人敬仰的骑士。在弥留之际，他终于从这个荒诞的设想中清醒过来了，也清楚地认识到书本中的故事与现实生活的区别。最后，他安静地离开了这个世界。

骑士文学在西班牙文学史上曾经留下一抹浓重的色彩。15世纪末，西班牙取得了"光复运动"的最终胜利。随后，以田园文学、流浪文学、骑士文学和戏剧文学为代表的西班牙古典文学进入了一个黄金时期。骑士文学因为其强大的斗争精神而广为流传。之后，封建经济体制土崩瓦解了，越来越多的不法分子曲解了骑士精神，骑士文学的内容也变得越来越乏味了。《堂吉诃德》是一部充满讽刺意味的小说。塞万提斯创作这部小说的初衷就是"把骑士文学的地盘完全摧毁"。

杨绛接到重译《堂吉诃德》这本书的任务是在20世纪50年代末。当时杨绛正翻译完《吉尔·布拉斯》并受到了广泛好评。此时，《堂吉诃德》已有不同语言的译本。"外国古典文学名著丛书"编委会在下发任务的时候并没有指定要参考哪个版本。杨绛查阅了这些译作，所有的版本都有其各自的优点，但是就一种版本的译作而言，又存在些许纰漏。所以，杨绛决定以西班牙文原版为参考进行翻译，这样翻译出来的译作更加贴合作者的原意。

翻译一本长达72万字的长篇巨著并不是一件容易的事情。翻译质量永远是第一位的，为了追求质量，杨绛把大量的时间和精力都放在了资料的查找、字词的甄选和语句的转换上。因此，翻译的进度并不是很快，从接手这项任务到完成这部译作，杨绛用了二十余年的时间。当然，期间也有一段小插曲。

1966年，杨绛和钱钟书被"揪出来"了。他们二人的最大"错误"在于他们的著作，而杨绛的译作《吉尔·布拉斯》正是头号目标。

一天，屋外下着倾盆大雨，有人来学部"造反"，把那些"牛鬼蛇神"都召集到大席棚里批斗。杨绛不是主要的批斗对象，她本以为等批斗结束自己也就没什么事了，可没想到，就在批斗会结束后杨绛准备离开时，一个"革命群众"叫住了她，让她交出"黑稿子"。杨绛一头雾水，不知道"黑稿子"是何意思。旁边的同事告诉她，"革命群众"要她交出《吉尔·布拉斯》的译稿。

当时，《堂吉诃德》上部的译稿已经完成了，下部也翻译了四分之三，还差一点整部书籍的翻译初稿就要完成了。杨绛不知道自己翻译的《堂吉诃德》译稿是否也是他们口中的"黑稿子"。在她眼中，《堂吉诃德》这部小说并没有宣扬资本主义，也没有宣扬西方的骑士精神，反而，它是讽刺骑士文学的小说。基于这一点，杨绛觉得它应该不算是"黑稿子"。为了避免造成误解，第二天上午，她就主动提交了自己的手稿。这也是她做的最后悔的一件事，提交了手稿后的每一天，她都寝食难安。

因为原著的篇幅很长，翻译的时候除了留有底稿，还会留下大量的草稿。草稿上面的信息十分零散，还有诸多改动的地方，最后在整理的时候被舍弃。也就是说，杨绛多年来的心血就浓缩为整整一大叠的译稿。在去学部前，她小心翼翼地将译稿用牛皮纸包好，并在上面写上"《堂吉诃德》译稿"六个大字。这份稿件异常沉重，不仅仅是因为它的纸张非常多，重量很重，更多的是自己为这份译稿注入了太多的时间和精力，这是她牺牲自己的阅读时间换来的。雨后的路格外泥泞，泥土黏着鞋底，每抬一次脚都会感到吃力，似乎身体被一股神秘的力量往回拽，阻挡她前进的步伐。最终，她还是把稿件送进了办公室。

办公室的秘书与她相熟，杨绛也很了解他，为人诚恳，工作认真，是一个难得的靠得住的好同事。杨绛特地向秘书强调了一遍：这份译稿绝无仅有，希望妥善保管。她向秘书询问"黑稿子"的情况，想确认译稿的属性。虽然秘书也不认为这是"黑稿子"，但是另外一个人却不赞同，那个人说了一句话："交给小C。"

在运动爆发前，小C是办公室里的通信员，每天的工作就是为大家收发邮件和发放报纸，在所里算是最底层的员工了。运动发生后，所有的职位都颠倒过来，原先最底层的员工反倒成了办公室的领导。秘书没有办法，只得把杨绛的译稿转交给小C，还把杨绛转告他的话特意重复给小C听。然而，小C却对此置若罔闻，拎着稿子，头也不回地走了。

杨绛隐隐地觉得心里发慌，但还是眼睁睁地看着手稿被带走了。当天晚上，她就被剃了"阴阳头"。

杨绛回到家后，左思右想，觉得把稿子交到"革命群众"的手里实为不妥。他们各个热血激昂，犹如被操控的木偶，难保他们会在情急之下销毁了她心中的骑士。为此，杨绛曾数次请求"领导"归还译稿，即便是"黑稿子"，她也愿意修正，将"黑色"转化为"红色"。然而"领导"却讳莫如深，绝口不提译稿的事，也不说"黑稿子"的事。询问的次数多了，他就应付说"我不知道"或者"找不到了"。

这部译稿就像是杨绛的孩子，她实在不忍心看着自己的孩子受到别人的冷眼和摧残。于是，她决心要把孩子解救出来。当时，杨绛的主要劳动就是打扫厕所，厕所的面积并不大，她总能很快完成任务。在空余的时间里，她主动提出擦窗户。一来，是为了打发时间。如果被"革命群众"看到她悠闲地坐在办公室里，肯定会指责她只会贪图享乐。二来，她可以借此时机探查译稿的下落。她好似一个侦探，锐利的目光穿透玻璃，扫视房间里每一处角落。只可惜，事与愿违，她终究还是没能发现译稿。它就像是凭空消失了一样，不给人留下任何蛛丝马迹，也不给寻找它的人留下任何希望。

上天还是眷顾她的。新年过后，杨绛在一间储藏室里发现了那叠译稿。发现它时，它被丢弃在废纸堆里。找到译稿的那一瞬间，杨绛喜出望外，就好比天各一方的两个亲人终于在某一刻相见了。这种情感是难以抑制的。她叫了同事，把这件喜事告诉了他。

接着该怎么做呢？是让这仅此一份的译稿继续留在废纸堆里吗？显然不是。杨绛决心要把它"偷"回家。其实，也不能算偷，应该说是拿回属于自己的东西。她环顾四周，除了一个老干部并没有什么外人。她打算避开老干部的目光，将译稿抱下楼，藏在楼下的女厕所里，等下班后再抱回家。只要不被老干部发现，她大可以光明正大地走下楼去，谁也不会知道她怀里抱着的是什么东西。

打定主意后，趁着老干部转身，杨绛抱起了译稿准备起身快步走出门口。可就在这节骨眼上，意外却发生了，她的同事大声喊道："杨季康，你要干什么？"

杨绛一直都未想明白那位同事这么做究竟是为何。这一声叫喊却把老干部的目光吸引了过来。杨绛并没有做过多解释，只是说："这是我的稿子！"

老干部一眼就看明白发生了什么事，他深知杨绛创作时的艰辛与不易，所以并没有责罚她，只是让她把译稿放回去，这件事也就权当没有发生过。但是杨绛坚决不放手。老干部只好告诉她，没有"领导"的批准她是不能从这里把译稿拿走的，确定这叠译稿没有问题后便会归还给她。可杨绛还是不让，译稿好不容易被找到，要她再放回去，她岂会舍得？老干部拗不过她，于是同意由她自己找地方藏起来。

就在她准备启程前往五七干校的前一天，原来的秘书升级为组长了。杨绛随即给新组长传了消息，希望他能帮她拿回译稿。果真，第二天一早，组长就把那叠译稿亲手交到了杨绛的手中。

她抱起译稿的那一刻，心头的一块巨石也随之落地了。她很感激组长的帮助，心中的喜悦早已将愤怒和无奈冲刷干净。

（二）

在干校的这两年里，杨绛因为每天要参加劳动而疏远了自己的翻译事业，所以没能继续完成《堂吉诃德》的翻译工作。回到北京后，当她再次翻看几年前自己翻译的稿件时，她发现当中有不少纰漏，与其从头改动倒不如重新翻译。

作品是最能反应创作者的气质的。创作者的气质会随着他的所见所闻所思而改变，而他的作品恰好印证了这一点。一个人的气质不会在短时间内发生改变，如果这部作品是作者一气呵成创作的，那么作品前后的价值观和思维方式也许并不会发生太大的变化；但是，如果一部作品历时多年，甚至中间有过间断，那么作品的前后文或许就会出现差异。这个差异有可能是细微的，细微到难以让人发觉；也有可能是极为明显的，那就需要创作者进行全文统筹，或者干脆重新创作。其实，这是一个很好的现象。否定之前的作品并不代表否定过去的自己，一个人就是在不断的自我否定中成长起来的。有差异，则说明创作者在进步，起码思维是与时俱进的。所以，想要真正了解一个创作者的为人，那就要看他近期的作品，而不能以往年的作品来评价当下的创作者。举一个极端的例子：少年时的作品与中年时的作品肯定存在差异，光是眼界就有天壤之别。而杨绛正面临这个问题。

在北师大的时候，钱钟书不幸哮喘复发，杨绛为了更好地照料他的起居暂时搁置了翻译工作。迁居学部后，她重新拾起了译稿，继续翻译。直到1975年4月5日，杨绛终于完成了翻译工作，并于1978年4月，由人民文学出版社出版发行。

回想起这些年来的经历，她感慨万千，能够完成这项工作实属不易。她回忆说：

> 翻译工作又是没有弹性的，好比小工铺路，一小时铺多少平方米，欠一小时就欠多少平方米——除非胡乱塞责，那是另一回事。我如果精神好，我就超额多干；如果工作顺利，就是说，原文不太艰难，我也超额多干。超额的成果我留作"私蓄"，有亏欠可以弥补。攒些"私蓄"很吃力，四五天攒下的，开一个无聊的会就耗尽了。所以我老在早作晚息攒"私蓄"，要求工作，能按计划完成。便在运动高潮，工作停顿的时候，我还偷工夫一点一滴的攒。《堂吉诃德》的译稿，大部分由涓涓滴滴积聚而成。

这项工作的不易不仅在于杨绛的时间和精力非常有限，也在于翻译的难度。她常把自己比作"孝顺的厨子"，把读者比作"主人"，如果"主人"吃的食物越多，就说明他喜欢这道菜，这对烧制这道菜的"厨子"来说是一种莫大的鼓励。所以，她在翻译的时候，时常以读者的角度来思考问题，力求译文能够符合读者的阅读习惯。但是，光是做到这一点是远远不够的。如果只是一味地迎合读者而遗漏了原文中某些重要信息，这是对原文的不尊重。因此，翻译永远不是单方面的。杨绛自己也说：

> 翻译是一项苦差使，我曾比之于"一仆二主"。译者同时得伺候两个主人：一个主子是原文作品。原文的一句句、一字字都要求依顺，不容违拗，也不得敷衍了事。另一个主

子是本国译本的读者。他们要求看到原作的本来面貌，却又得依顺他们的语文习惯。

《堂吉诃德》在定稿的时候，恰逢钱钟书的《管锥编》完稿。钱钟书拿起稿件，放在杨绛的面前，又夺过杨绛的《堂吉诃德》译稿，意为互相给对方题签。杨绛自谦字不及钱钟书的好看，怕是让他吃亏了。钱钟书却打趣说："留个纪念，好玩儿。"

在文坛中，也有不少"神仙眷侣"，夫妇二人都从事文学创作。在多数情况下，当中的一人总是会被另一人的光芒所掩盖，极少有像杨绛和钱钟书一样，相辅相成，每个人都能发挥自己的优势。

由杨绛翻译的《堂吉诃德》一经出版就受到了广泛的好评，一时间竟然出现洛阳纸贵的现象，人们在书店门口排队争相购买《堂吉诃德》。这一切恰好被西班牙访华团的先遣队记者看在了眼里。

1978年6月15日，西班牙的国王和王后访华，杨绛受邀参加国宴。邓小平同志跟她握手，并问她《堂吉诃德》是什么时候翻译的。一时间，杨绛不知道该如何作答，翻译过程实在是不足为外人道，她只回答说，是今年出版的。1986年10月6日，西班牙国王授予她"智慧国王阿方索十世十字勋章"，表彰她在传播西班牙文学中所作的贡献。这都是后话了。

就《堂吉诃德》的译本，杨绛曾先后写过九篇文章：《堂吉诃德和〈堂吉诃德〉》《塞万提斯小传》《再谈〈堂吉诃德〉》《〈堂吉诃德〉译余琐掇》《〈堂吉诃德〉校订本译者前言》《孝顺的厨子——〈堂吉诃德〉台湾版译者前言》《天上一日，人间一年——在塞万提斯纪念会上的发言》《塞万提斯的戏言——为塞万提斯铜像揭幕而作》和《〈堂吉诃德〉校订本三版前言》。其中，《天上一日，人间一年》是写于1982年4月。当时，北京大学举行塞万提斯逝世366周年纪念会，西班牙驻华大使邀请杨绛参会并发言。杨绛非常敬重塞万提斯，所以开篇她就说：

> 我们中国人有句老话："天上一日，人间一年"——就是说，天上的日子愉快，一眨眼就是一天，而人世艰苦，日子不那么好过。我们一年有365或366天。在我们人世，塞万提斯去世已366年，可是他在天上只过了366天，恰好整整一年。今天可以算是他逝世的"一周年"。我们今年今日纪念他，最恰当不过。

同年，杨绛被推举为中国翻译家协会理事。

杨绛翻译的《堂吉诃德》译本深受西班牙方面的重视。西班牙驻华大使曾多次设宴邀请杨绛访问西班牙，但都被她婉言拒绝了。到了第三次的时候，杨绛知道自己推辞不掉了。中国人讲究"事不过三"，对方情意拳拳，自己也不好让对方太过难堪。次年的11月2日，杨绛随访问西班牙代表团出使西班牙。

接手《堂吉诃德》翻译任务时，杨绛已是一个年近半百的人。为了能够更好地完成工作，她花了两年的时间自学了西班牙文。在遭遇批斗后，她仍旧没有放弃。当她发现原先的译文在一定程度上需要改进的时候，她并没有心灰意冷，而是选择从头再来。无论哪一点，都需要很大的勇气和决心。

曹操的《龟虽寿》中有两句诗：老骥伏枥，志在千里。烈士暮年，壮心不已。很少有人能够在年近半百的年纪对工作还保持着高度的热忱，对自己未知的事物仍旧充满好奇，对自己的初衷从来不曾遗忘。但是杨绛依然能够保有对翻译工作最初的期冀，这实属难能可贵。

岁月会增长人的阅历，同时也会消磨人的激情。阅历是一把双刃剑，它会让人的一生充满回味，变得不那么无趣，同时它也会让人对未知的事物产生保留态度。严格意义上说，保留是一种自我保护。在不知这种未知的事物对自身是否有影响的时候，保留态度能够在极大程度上保护自己不受伤害。年轻的时候无所畏惧，因为年轻人有足够的时间和精力，或许正是因为他们缺少历练所以做任何事情都会选择全力以赴，有时候完成了自己的目标，更多时候非但没有完成目标，自己反而摔得遍体鳞伤。这就是很多阅历丰富的人时常持保留态度的原因，他们不愿意把自己有限的精力放在不确定的事情上。

对名利的追求会让人在一段时间内充满干劲。然而，这种干劲只是一时的。随着时间的推移，一个人或多或少会失去对名誉、金钱、权力的渴望，从而选择安逸的生活。往往在这个时候你会发现，即便自己付出再大的努力，得到的也未必会更多，反而自己没有付出太多努力，眼前的利益也不会消失。安逸是一个人成功路上的绊脚石。所以，唯有内心平静的人，唯有对事业永远充满热忱的人才能坚持下去。

杨绛正是这样一个人。名利于她如浮云，她的所作所为、所思所想从来不以名利为出发点，而是为了追求更高的精神境界。

笔耕不辍

（一）

1976年，以江青、张春桥、王洪文、姚文元为首的"四人帮"组织被瓦解，长达十年之久的"文化大革命"终于结束了，中国文学从此进入了一个新时期。杨绛也逐渐从文学翻译的领域中走出来，继续自己的文学创作之路。曾几何时，因为运动的缘故，她无奈地放弃文学理论研究工作，遁身于翻译。将近二十年过去了，她又可以拿起笔，写下自己想写的文章，传达自己希望传达的情感。于她而言，这又是一个新的开始，虽然她已经是一个65岁的老人了。

1980年是杨绛离开干校的第八年。虽然时隔多年，但是在干校的生活以及在干校里遇到的人和事她仍记忆犹新。闲暇间，她读了清代文学家沈复所作的《浮生六记》，其中有闺房记乐、闲情记趣、坎坷记愁、浪游记快、中山记历和养生记道六个章节，于是她灵机一动，决定写一部《干校六记》。《干校六记》的书名灵感来源于《浮生六记》，杨绛亦将全文划分为六个部分，即：下放记别、凿井记劳、学圃记闲、"小趋"记情、冒险记幸和误传记妄。其实《干校六记》最早并不是在内地出版，而是在香港的《广角镜》杂志发表，后由三联书店出版发行。

书稿完成后，杨绛递给钱钟书看。钱钟书看了之后感触颇深，即刻写了一篇《小引》，后合并在《干校六记》中，并一同出版。钱钟书觉得"记劳""记闲"等都只不过是"大背景的小点缀，大故事的小穿插"。《干校六记》虽然已经成书但是似乎缺少了一个章节，这个章节可以命名为"记愧"。书中的确记录了不少人，也记录了不少事，可是缺少了一类人：有那么一些人，运动时很容易受到别人的鼓吹，致使自己失去了独立判断问题的能力，还未弄清楚事情的始末缘由就跟着大伙批斗某些无辜的人；有些人虽然能够辨别是非，但是由于性格懦弱，不敢公然提出反对，最大限度上做出的反对举动就是不积极参加运动；更有一些人，明知道批斗的对象是无辜的，却在一旁煽风点火，唯恐天下不乱。在钱钟书眼里，这些人都应该感到愧忤，虽然他自认为自己也是一个懦弱的人。

杨绛以第一人称的视角讲述了自己在干校的两年时间里遇到的事情，文字朴实，看似内容平淡，可字里行间流露出的情感却是跌宕起伏的，令每一个读者动容。干校存在的目的是为了清查"五一六分子"，它是阶级斗争的产物，充满了政治色彩，但杨绛笔下的《干校六记》却极少谈及政治，更多的是讲述干校里的人情世故。下笔写书的时候，她已经身处于改革开放的新时期，言论也较为自由，然而她却很少提及自己在干校里受的苦。由此可见，她的心境绝非一般。

与其一味地试图改变环境，倒不如改变自己的心态去适应环境。总有人把自己视为上帝，认为自己有一双上帝之手，在遇到自己看不惯的事情时可以向别人伸出援助之手。然而，其结果未必顺从人愿，这就跟《堂吉诃德》的主人公有所相似。相对于整个社会，一个人的力量实在太过渺小，要改变一个既成事实的规则是一件多么不容易的事情。作为个人，能够恪守自律，不做违反法律和道德的事情，在自己力所能及的情况下帮扶那些需要帮助的人，这已是为人类社会做出很大的贡献了。须知，要做到这第一点并不容易。这并不是劝说大家在遇到事情的时候选择退缩，面对不公平的现象时置若罔闻，而是希望大家能够从小事做起、从自身做起、从当下做起，往后所有的事情都会一点一点随之而改变的。其实，改变最大的不是规则，也不是别人，而是自己的心态。

承认自己的平凡是一种智慧。当然，这种平凡并不等同于平庸，而是以一种谦虚的态度去面对周围的人和事。古人云：三人行，必有我师焉。的确，抱着谦虚的心态与人相处能够从别人身上学到一些东西，同样，身处于陌生的环境或者恶劣的环境亦能有所体会。

这就是心境。进入干校后，不少人选择抵触，终日忧心忡忡，脑海里天马行空，浮现出各种各样的画面来，而杨绛却能够坦然地接受，在枯燥、乏味、辛劳的日子里，她依然能够找到生活的乐趣，怡然自得。

（二）

在此之前，杨绛已由上海文艺出版社出版了一部论文集——《春泥集》，其中收录了：《堂吉诃德和〈堂吉诃德〉》《重读〈堂吉诃德〉》《论萨克雷〈名利场〉》《斐尔丁的小说理论》《艺术与克服困难——读〈红楼梦〉偶记》和《李渔论戏剧结构》。与其说这是一部论文集，倒不如说是一部读书笔记，其中的每一篇文章都是杨绛的读后感。这些文章大多是在1957年至1959年间写的，当时杨绛也因此受到了批斗。

后来，杨绛在原有的基础上新增了《事实—故事—真实》《旧书新解——读〈薛蕾丝蒂娜〉》《有什么好？——读奥斯丁的〈傲慢与偏见〉》和《〈小癞子〉译本序》，命名为《"隐身"的串门儿》并由三联书店出版。这本书里也记录了杨绛对于读书、做学问的看法：

读书钻研学问，当然得下苦功夫。为应考试、为写论文、为求学位，大概都得苦学……我觉得读书好比串门儿——"隐身"的串门儿。要参见钦佩的老师或者拜谒有名的学者，不必事前打招呼求见，也不怕打扰主人。翻开书面就闯进大门，翻过几页就升堂入室；而且可以经常去，时刻去，如果不得要领，还可以不辞而别，或者另找高明，和他对质。不问我们要拜见的主人住在国内国外，不问他属于现代古代，不问他什么专业，不问他讲正经大道理或聊天说笑，都可以挨近前去听个足够。

　　这就是杨绛所认为的读书的妙处。以人为师，在请教问题的时候难免会有所顾忌：担心自己是否会打扰到对方、担心自己是否会惹对方烦等；但是，以书为师就不必在乎这些了，只要自己有疑问，随时都可以向书本请教，也不用担心是否会忘记，因为可以多次翻阅。

　　继《春泥集》之后，杨绛曾写了《回忆我的父亲》和《回忆我的姑母》两篇长篇散文。在文章中，杨绛简要记叙了父亲和姑母的生平以及自己与他们之间发生的故事。虽然文章通篇是以种种生活小事串联起来的，看似平铺直叙，实则情感起伏跌宕，尤其是母亲、父亲和姑母的悲惨结局实在让人动容。通过杨绛的描述，父亲和姑母的形象跃然纸上，她的文字功底可见一斑。

　　1980年7月，杨绛的短篇小说集《倒影集》在香港出版，并于1982年1月由人民文学出版社在内地出版，其中收录了《"大笑话"》《"玉人"》《鬼》《事业》和《璐璐，不用愁》五篇短篇小说。《璐璐，不用愁》是杨绛在清华大学读书的时候写的，也是她的第一篇小说，是她走上文学之路的开端。之所以将这篇文章也收录其中，大概是想时刻提醒自己不忘初衷吧。

　　1987年，杨绛的散文集《将饮茶》由三联书店出版，其中不仅收录了《回忆我的父亲》和《回忆我的姑母》两篇散文，还收录了后来写的《记钱钟书与〈围城〉》和《丙午丁未年纪事》。在这部作品里，杨绛所记录的人物都是自己生命中非常重要的人：父亲杨荫杭、姑母杨荫榆和丈夫钱钟书；她所记录的事情也是自己与这些人发生的故事。所以，从某种意义来说，将这些散文合并起来，也就成了杨绛的自传。

《洗澡》是杨绛的第一部长篇小说。1984年年末，杨绛就产生过写《洗澡》的想法，不过动笔是在1986年4月，直至次年9月才完稿。

小说以知识分子的思想改造运动为背景，将形形色色的知识分子搬上舞台，展示了运动中知识分子的"群像"。杨绛在这部小说中并没有塑造一个主人公的形象，只是读者出于自己对某个人物的喜爱，将其定义为主人公。

小说中有个典型的人物——姚宓，她是传统东方女性的代表，年少时家庭遭遇了变故，她的性格和人生轨迹也从此发生翻天覆地的变化。她原本生活在一个幸福的家庭，父母都视她为掌上明珠，她还打算出国留学，前途一片光明。可是父亲的骤然离世和母亲的瘫痪让她的出国梦彻底破碎，她只好放弃学业到图书馆当职员。自此，她将自己的心深深埋藏起来，外面永远包裹着一件"灰色制服"。姚宓的身上似乎永远披着一件"隐身衣"，外界的所有事物都对她产生不了任何影响，她的内心永远是明亮而孤独的。直到最后，她为许彦成饯行时，才褪去灰色制服，换上烟红色的纱旗袍。或许这个时候，她的心才渐渐打开。小说的结尾只是淡淡地勾勒了一下，留给人无限的遐想。

姚宓与杨绛有些相似，但又不相似。杨绛在年少时也曾遭遇过家庭的衰败，父亲因为感染伤寒而险些离开人世。当时杨绛就曾想过，如果父亲真的在那个时候离开了人世，家中剩下母亲和众兄弟姐妹，那么作为四姐的杨绛肯定是不能继续读书了，她或许会选择到附近的工厂当女工。从某种意义上来说，小说中的姚宓就是杨绛的另一种人生。姚宓知书达理，聪明睿智，又为人独立，这与杨绛的性格颇为相似。但与杨绛不同的是，她在面对"洗澡"时，既不参与，也不反对，而是将自己封闭起来。或许，这也是一种保全自身的办法吧。

《洗澡》一经发表就收获无数的好评。著名文学家施蛰存给予了高度评价：

《洗澡》是半部《红楼梦》加上半部《儒林外史》。

与《干校六记》相比，《洗澡》的语言风格较为诙谐，读起来使人较为放松。在写《干校六记》的时候，作者在文章的开头便定下了基调，字里行间似乎带着一种淡淡的凄凉，读者在阅读的时候心情是较为沉重的，即便其中也不乏幽默桥段和有趣的对白。

这是由三方面因素构成的。首先，《干校六记》是非虚构的，而《洗澡》是虚构的。作者在写《干校六记》时，虽然写的是自身的经历，却从侧面烘托出了当时的社会背景，这种感染力更胜于直截了当地讲述背景。其次，《干校六记》和《洗澡》描写的是两段不同的社会背景。思想改造运动时期，作者虽然曾被控诉过，但没有受到迫害；而下放到干校时，作者历经了批斗和抄家，看淡了人情冷暖，又被迫先与钱钟书分别，后经历女婿的骤然离世，她早已是身心俱疲。再者，《干校六记》写的是自己，而《洗澡》写的是众人。作者从《干校六记》到《洗澡》，心境已然发生了不少变化，原先她的专注点在于自身，之后，她的专注点转为社会众人。

杨绛的作品不只是在讲一段历史，而是以这段历史为背景，述说发生在当时人们身上的事情。历史是死的，而杨绛的文字是活的，她让一个个人物以最真实的状态出现，在留下珍贵史料的同时，也让读者产生无限的感慨。

八、岁月：

宁静致远百岁福

心若幽兰 品如秀竹

杨绛传

女儿钱瑗

（一）

人生是一段漫长的旅程，长到我们需要用几十年的时间才能走完这段路；人生又如此短暂，在浩瀚的宇宙中，一个人就如同一粒渺小的尘埃，人生真可以说是弹指一挥间，还未等人留下点什么东西，生命便已走到尽头了。

1995年11月27日，杨绛送别了与自己相伴了将近一个世纪的大姐杨寿康。一个月以前，杨绛的三姐杨闰康已经骤然离世了，也有不少曾经一起工作的领导、同事和朋友因为年事已高而离世。年底，钱瑗因为腰病复发住进了医院。在此之前，钱钟书已经因病住院多时了。

钱瑗的病大多是由于太过劳累所致。在北京师范大学授课时，她除了担任博士生导师，还兼授研究生的课程，同时，她还需要参加各种学术活动，组织学科评审，审核各类文章。在学生的印象当中，她总是忙于各种工作。对于工作，她从来没有一丝马虎，她甚至不允许自己迟到一秒钟。为了避开堵车，她每天早起，步行到学校。所以，她总是"心力交瘁"。常言道：在其位，谋其职。她总是一刻都不肯放松，用一个成语来形容就是"骑虎难下"，她无法从这个位置退下来。这并不是因为她贪恋权力，不愿放弃那个职位，而是她放不下自己的心，强大的责任心促使她不能放过任何一个细节。《史记》有言：大行不顾细谨，大礼不辞小让。可在钱瑗眼里，这些"细谨"和"小让"同样不容小觑。在别人看来，她或许是一个极其较真的人，然而有谁知道，她需要付出多大的心力和精力去规避这些"微不足道"的小错误？

长期的伏案工作使她患上了严重的腰病，但她还是把所有的精力都放在了工作上，以至于无暇顾及自己的身体。终于，在1996年年初，身体的病变急剧恶化，让她疼痛难忍。她不想让母亲知道自己的情况，她知道，长年悉心照料病床上的父亲已经耗尽了年迈的母亲的全部精力，她不忍再让母亲忍受煎熬。在同事们的帮助下，她去医院做了检查，除了确诊有骨结核外，还发现肺部有阴影。随即，钱瑗住进了温泉胸科医院，并确诊是肺癌晚期。

即便得知自己身患绝症，她仍然坚决不让母亲来医院探望。她知道，她做出这样的决定势必会让一家人都感到伤心，但也好过让母亲陷入无尽的担忧之中。疾病会让一个人变得脆弱，身患疾病的人尤感孤独，这是最需要亲人关怀的时候，而此时此刻，钱瑗却选择独自承受。

钱瑗住院时，很多人都来医院探望，有北师大的同事们和同学们，还有几个是她在贝满女中的同学。当时的钱瑗还未及笄，谁也想象不到，几个十几岁的小女孩之间的友谊能够维持这么长久。几十年过去了，这份情感依旧完好如初、纯净如初。古人云，君子之交淡如水。这句话是有道理的。

这个道理就藏在几个懵懂少女的心里。钱瑗的这几个朋友后来也成了杨绛的朋友，在钱瑗不在的日子里，她们如同女儿般给杨绛带去温暖和希望。

钱瑗的病情恶化得很快。年底，杨绛收到了医院发来的病危通知书，她这才知道女儿的病情已经相当严重了，病变部位已经扩散到脊椎，钱瑗的时间已经所剩无几了。次年3月初，杨绛和钱瑗见了一面。3月4日，钱瑗离开了人世。钱瑗在过世的前一天，或许有感自己大限就要来临了，特意致电杨绛，希望能在医院见上最后一面。在电话中，钱瑗说："娘，你从前有个女儿，现在她没用了。"杨绛到达医院后，只是对她说："安心睡觉，我和爸爸都祝你睡好。"

她鲜花般的笑容还在我眼前，她温软亲热的一声"娘"还在我耳边，但是，就在光天化日之下，一晃眼她就没有了，就这一瞬间，我也完全醒悟了。

这件事情犹如晴空霹雳，让原本就身心俱疲的杨绛再一次受到了致命的打击。女儿的离世对任何一个母亲而言都是一件痛不欲生的事情，然而，杨绛并没有就此倒下。因为杨绛知道，虽然亲爱的女儿以这样的方式离开了自己，但她一定不希望自己为此而伤心不已，更何况病床上的钱钟书还需要自己的照顾。所以，杨绛还不能倒下，至少不能在钱钟书面前倒下。

杨绛想起得知母亲离世时的情景，当时自己和钱钟书正在巴黎大学求学，不能及时赶回家中，终日以泪洗面。多少年后，她是这样描述当时的情景的：

这是我生平第一次遭遇的伤心事，悲苦得不知怎么好，只会恸哭，哭个没完。钟书百计劝慰，我就狠命忍住。我至今还记得当时的悲苦。但是我没有意识到，悲苦能任情啼哭，还有钟书百般劝慰，我那时候是多么幸福。

在苦难面前能够放声痛哭也是一种福气。不过这一次，她享受不到这种福气了。那个曾经她视如大山一般伟岸的男人，那个曾经在她最脆弱的时候给予她无数次安慰的男人，如今正徘徊在死亡线上，如同一片枯黄的即将凋零的枫叶在树枝上摇摇欲坠。

依照钱瑗的遗愿本是不留骨灰的，但是北师大的老师和同学们实在不忍这位良友益友离别，在征得杨绛的同意后，将钱瑗的骨灰带回了北师大校园，埋在一棵雪松下。或许，对钱瑗而言，这是她最好的归宿。她把一生中所有的精力都放在了教育事业上，她实现了"当教师的尖兵"的梦想，她终究也在自己热爱的这片土地里长眠，她是幸福的。杨绛一定也这样认为。

（二）

在杨绛的记忆中，女儿从小就是一个乖巧懂事的孩子。

圆圆小时候的性格与杨绛幼年时的性格截然相反。年幼的杨绛是一个活泼开朗并且好动的孩子，用她自己的话说就是"我小时候特别淘气，爬树、上屋都很大胆"。但是，圆圆则不然，相比其他孩子，她的行动力稍为缓慢，"手脚不麻利"，所以，多数时间她总是一个人安静地坐在那儿。

1944年，上海还处于"孤岛"时期，圆圆只有七岁。那年暑假，杨荫一家人要回苏州老家探亲，杨绛因为忙于工作无暇分身，便让圆圆跟着一起去了，托她去看望年迈的外公。1937年苏州沦陷，多少人家破人亡，多少人妻离子散，慌乱中，老家的房子亦没能躲过那场浩劫。杨荫杭在半年前就回到苏州了，对房子进行了修葺，但是后园一直荒废着。这座老宅就好比一个老人，在漫长的岁月里，它的青春已经消耗殆尽了，无论怎么修葺，总会觉得有很多地方是残缺的。

孩子们都放暑假了，家里多了一群孩子，算上圆圆不下五个，给原本阴沉的房子增添了不少生气。孩子们愿意到后园玩，那里没有大人的约束，他们可以尽情地玩耍，将院子弄得凌乱不堪。有几个调皮的小男孩还会去爬树，圆圆则一直在树底下看着。圆圆并不是胆小，只是她不想爬罢了。老宅是没有电的，自从线路被剪断、发电厂被摧毁后，那里就不供电了。夜晚，洋油灯的光线极为昏暗，即便点着灯，整座老宅依然被黑暗笼罩着。杨绛是怕鬼的，一直都怕，虽然在思想改造运动的时候以为自己改变了，但后来发现，自己还是怕鬼。然而，圆圆不怕鬼，这一点和钱钟书倒有几分相像。每当要走夜路的时候，其他几个小孩子总是跟在她的身后。

1949年，解放战争取得了最后的胜利，新中国成立了。杨绛和钱钟书受邀到清华大学任教，8月，杨绛和钱钟书带着圆圆坐上了开往北京的火车。

圆圆当时虽然还是一个12岁的小女孩，但相当懂事。坐火车时，她的一只手紧紧地抱着布娃娃，另一只手则抓着一个小袋子。袋子里装着几件布娃娃穿的衣服，这些都是她亲手缝制的，所以她格外宝贝。临行前，杨绛为保安全将几两金子藏进了布娃娃里。圆圆知道后，一直小心翼翼地看着这个布娃娃。在她心里，已经知道什么叫作责任。

圆圆还是一个心细的孩子。初到北京，杨绛准备让圆圆到清华附中念书。因为圆圆在上海已经完成了初中一年级的课程，所以杨绛希望她可以直接上二年级的课程，可按照学校的规定，圆圆一定要重新学习一年级的课程。当时，学生在学校的时间并不是全部用来学习的，几乎每天中午，学生们都要开会。圆圆的身体一直不好，经不起这样的折腾，杨绛就为她办了休学手续，在家一边修养一边学习，功课则由杨绛亲自辅导。钱钟书已是清华大学的教授了，杨绛为兼任教授，平常空闲的时间也多些，方便她照顾圆圆。

有时，圆圆也会帮着钱钟书做一些事情。每逢测验，钱钟书总是格外繁忙，圆圆就会帮他登记成绩。细心的圆圆竟然在众多的试卷中发现了其中两份试卷的墨水是偏紫色的，而这两位同学恰好是一男一女。多年以后，这两位竟然结婚了。后来，杨绛回想起这件小事，不得不佩服圆圆的观察力。

之后，钱钟书被调去毛选英译委员会工作，周一至周五他都住在城里，只有周末才回清华园，但是绝大部分时间又都放在了工作上。进城之前，钱钟书最放心不下的，不是年少的圆圆，而是杨绛。因此，临行前，他瞒着杨绛，再三叮嘱圆圆一定要照顾好母亲。钱钟书没有叮嘱杨绛要照顾好圆圆，反而叮嘱圆圆要照顾好杨绛，他并不是不相信杨绛的能力，其实，他是清楚的，在他面前，杨绛几乎是无所不能的。更多的是因为他相信圆圆已经长大了，应该懂得去照顾好家人，他希望她从小就养成一种好习惯，做一个有担当、有责任心的人。在往后的所有日子里，圆圆都不曾忘记父亲的嘱托，对待工作认真负责，对家人的照顾无微不至。

北京的冬季比上海要漫长许多，也要寒冷许多。家里的女佣因为年事已高，身体有恙，向杨绛请了假回家休养。当时的煤球是要自己用手攒的，不过这些都难不倒杨绛，因为她经历过最艰苦的日子，也做过"灶下婢"，生活的苦难在她面前都化为乌有。可是偏偏有几只不听话的猫儿跟她作对，它们会把猫屎拉在煤上，这样，杨绛在攒煤的时候就会粘到手上。她是忍受不了这些的。圆圆知道母亲讨厌猫屎，所以，她就赶在天黑之前，独自冒着风雪把猫屎都挑出来。并不是她不想替母亲攒煤，只是杨绛不准，担心她太过劳累坏了身体，那就得不偿失。圆圆也懂事，母亲不让做的，她知道不能做，但她会把所有东西都准备好，方便母亲做活。杨绛知道她的心意，心里则暗自惭愧。

温德是杨绛在清华大学读书时的导师，他既是她的良师又是她的益友。他有一个爱好，那就是邀请大家到他家中听音乐，杨绛就是其中的一个"嘉宾"。每次知道杨绛要来，他总是为她留了好位置，还专门播放杨绛喜欢听的音乐。

聚会一般都是在晚上。要去温德家必须经过一座小桥，小桥的周围一片荒芜，一个人从这里经过总感觉瘆得慌。杨绛又是怕鬼的，她不习惯一个人走在那样的地方，每次去温德家都由圆圆陪着。

一天，圆圆病了，发着低烧，杨绛让她早早上床休息。懂事的圆圆知道晚上母亲要去温德家听音乐，担心她不敢走夜路，所以坚持要陪她去。杨绛只说自己能走，让圆圆安心休息。其实，她虽然躺在床上，但是并没有睡着，直到母亲回来。

杨绛还是一个人出门了，但是，接近小桥时她心里又开始打退堂鼓了。她几次想闭起眼睛，硬着头皮走过去，然而双脚却无论如何也迈不开。人们一般在面对自己不想面对而又不得不面对的事情时，都会选择硬着头皮闯过去，认为丢脸或是害怕只是一时的，闯过了这道坎就没事了，但是如果一个人真正害怕面对这件事，光是硬着头皮显然是不足够的。

杨绛回家后发现圆圆并没有睡着，圆圆没有问她因为什么原因而折返，她只说自己突然不想去了。其实，圆圆是知道的，可她并没有点破这件事，她只想着为母亲保留"颜面"。

1951年的时候，圆圆去了城里的贝满中学读书，周一至周五都必须住在学校。每到周末，她都兴致勃勃地赶回家中与杨绛团聚，偶尔也会带几个同学回家。许多个夜里，杨绛都独自坐在青灯下看书，周末成了她的期盼，也唯有在周末，钟书和圆圆方能回家。

有不少同学是不洗衣服的，一周下来的脏衣服都带回家让父母或是用人洗。圆圆不希望给母亲徒增麻烦，也不愿由女佣代劳，总是自己在学校就把衣服洗了。她是家里的独女，理应生活得像一个小公主，十指不沾阳春水，但她却不愿做一只漂亮的"花瓶"，她喜欢自己劳动。所以，期末评奖的时候总有她的一份。

然而，她的身体却没有像她的成绩一样好。没等多久，她再一次病倒了。在杨绛的劝说下，她办理了休学手续，也积极接受治疗。

因为工作的关系，杨绛迁居中关园。由于是新房，很多地方都需要布置，有圆圆在，恰好能给杨绛提些建议。中关园离新北大很近，杨绛时常会去图书馆借书。老式的图书是线装的，页与页之间是不开封的，想要阅读里面的内容就需要自己将其裁开。有些书已经有人借阅过了，但是也没有全部裁开，多数的读者是看几页裁几页，后半部分不想看了也就直接还回去了，谁也不愿意把时间浪费在裁书上，毕竟这也是个细致活。圆圆除了在家养病也别无他事，空暇的时候，她就帮杨绛裁书，也阅读书籍。

圆圆复学后，成绩依然是班级里的尖子，所以期末评奖的时候并没有少了她的名字。她不光是老师们眼中的优秀学生、同学们眼中的优秀同学和最信赖的朋友，她还是大家眼中的"准共青团员"。成为一个共青团员是一件非常光荣的事情，圆圆也很想加入共青团。但是，要想成为一名团员就必须保持思想先进，她担心自己成为团员后会与家人疏远。

所以，每当老师和同学们推举她加入共青团时，她总是在推辞。每次回家时，杨绛总是见她愁眉苦脸的。在杨绛的鼓励下，她终于成为了一名光荣的共青团员，脸上的笑容也重新绽放了。

圆圆就是这样一个人，为别人考虑得多，为自己考虑得少。

（三）

1955年，钱瑗中学毕业，即将升入大学。在填报志愿的时候，杨绛和钱钟书并没有插手，完全由钱瑗自己做决定。杨绛在钱瑗这个年纪的时候，父亲也没有干涉她对专业的选择，她相信此时此刻的钱瑗已然具备独自解决问题并且能为自己的选择负责的能力。孩子终究有自己的人生，作为父母不应该对孩子的事情干涉太多，越是想保护孩子就越会妨碍孩子成长。当然，在关键时刻为孩子指点迷津或是提出建议是很有必要的。钱瑗的理想是"当教师的尖兵"，"尖兵"也就是"尖子"，她希望自己在进入教师岗位后能够成为一名出色的人民教师。所以，在填报志愿的时候，她毅然地选择了北京师范大学俄语系。

这跟她在中学时的学习经历分不开。钱瑗在读中学的时候因为身体原因曾经休学过一年。当时学校有规定，每人都必须修一门外语，钱瑗在休学前修的是英语，但是复学后插入的班级修的是俄语，那就意味着她原先学的英语语法对外语考试起不了任何作用，她必须加紧学习俄语，否则就会跟不上老师的讲课进程。杨绛认识一位从白俄罗斯来的教授，他的夫人也是白俄罗斯人，恰好她平常较为空闲，杨绛就请她担任钱瑗的俄语教师。果然，钱瑗的俄语水平突飞猛进。也是在这个时候，她对俄语产生了浓厚感情，她也立志要成为一位俄语教师，这或多或少也受这位白俄罗斯俄语老师的影响吧。

钱瑗在读大学期间，政治运动从未停歇过。当时，"反右"的大风已经席卷了整个北京城，几乎所有的"老知识分子"无一幸免。钱瑗的父母都是"老知识分子"，又曾被拔过"白旗"；她自己平常只注重学业和科研，对政治没有太高的追求，言外之意，她就是人们口中的"白专"。如此一来，她的身份中就有三个"白"了，这对她来说并不是一件好事。很快，她就被下放到工厂学习了。

钱瑗的工作成了一家人最关心的事情。因为她的身份不好，很有可能会被分配到偏远的地方工作，甚至是到边疆去支教。当时的工作是终身制的，而且学生必须服从学校分配，没有其他选择，学校分配到哪里，学生就必须到哪里工作。所以，如果钱瑗被分配到边疆工作，或许她今后就很难再回到家里了。钱瑗已经打定好主意去边疆支教了，但是作为母亲，杨绛肯定是不放心的。她打趣说：

如果是北方的"边"，我还得为她做一件"皮大哈"呢。

虽然杨绛嘴上说说笑笑，但是她的心里则是万般不愿，可又无可奈何。

谁也没有料到的是，北师大竟然有意留钱瑗当助教。知道这个消息后，钱瑗一家三口都喜不自胜。如此一来，钱瑗又可以时常陪伴在父母身边了，虽然工作繁忙，幸好距离不远。自从钱瑗进入大学后，杨绛就隐隐地觉得她有些不想家了，或许是学校事务太多的缘故吧。中关园的房子不大，但是杨绛一直为钱瑗保留着床褥，她回来的时候都有地方睡觉。曾几何时，杨绛觉得似乎要"失去"这个女儿了，可兜兜转转之后，女儿又回到了自己身边。

1963年年底，钱瑗被下放"四清"，直至1966年才结束，期间她回校待了一年，又去了另一个地方继续接受"四清"。钱瑗回来后，原以为就此便可以过上安定的生活，可是随即，杨绛和钱钟书都被当成"牛鬼蛇神"给"揪出来"了。所有的"牛鬼蛇神"都由"革命群众"看着，钱瑗是列入"革命群众"行列的，所以，她与父母是对立的，是不允许看望父母的。这让她痛苦万分，她不能眼睁睁地看着父母在里面受苦。见父母的办法不是没有，那就是贴大字报，上面白纸黑字写上与父母断绝关系，贴在墙壁上公示。如此一来，她就可以以"革命群众"的身份去"批斗"里面的"牛鬼蛇神"。

这是一种极其残忍的做法，但也是唯一的办法。钱瑗心里清楚，即便贴了大字报，那也只不过是一纸文章而已，只要大家心中的情分还在，家依旧在。钱瑗回到家后，什么也没说，兀自拿出针线活，给母亲做了件睡衣；把一粒粒糖剥好，放进罐子里，糖纸则需藏好，免得被人发现，否则父母又要受处罚了。一家人见面，无须多言，一切尽在不言中。

此后的很多个日日夜夜里，钱瑗对杨绛和钱钟书的照顾都是无微不至的，甚至在临近生命的尾声时，她还是在为他人考虑。杨绛说：

阿瑗是我生平杰作，钟书认为"可造之材"，我公公心目中的"读书种子"。她上高中学背粪桶，大学下乡下厂，毕业后又下放四清，九蒸九焙，却始终只是一粒种子，只发了点芽芽。做父母的，心上不能舒坦。

离别钟书

到这时，我的梦已经像沾了泥的杨花，飞不起来。我当初还想三个人同回三里河的家。自从失去阿圆，我内脏受伤，四肢也乏力，每天一脚一脚在驿道上走，总能走到船上，与钟书相会。他已骨瘦如柴，我也老态龙钟。他没有力量说话，还强睁着眼睛招待我。我忽然想到第一次船上相会时，他问我还做梦不做。我这时明白了。我曾做过一个小梦，怪他一声不响地忽然走了。他现在故意慢慢儿走，让我一程一程送，尽量多聚聚，把一个小梦拉成一个万里长梦。这我愿意。送一程，说一声再见，又能见到一面。离别拉得长，是增加痛苦还是减少痛苦呢？我算不清。但是我陪他走得愈远，愈怕从此不见。

爱是文学作品当中永恒的主题。从古至今，中国的传统文学作品中多是以爱为主题的，或是亲情之爱，或是朋友之爱，或是男女之爱，而男女之爱又是描写得最多的。纵观中国的小说，其中所描写的男女之爱可以分为三类。第一类，一见钟情。在此之前，男女双方素未谋面，但是一见面后就断定对方是自己的另一半，心中除了那个人再也容不下其他人，因此也酿成了不少悲剧。然而，作者并没有说明他们为何会相爱，或许这不需要解释，或许作者也解释不了，有时候只好把真相推到冥冥之中，认为是前世之因果。第二类，单相思。这类小说大多是以女性视角描写的，小说的主人公见到某个男子后就一直钟情于他，不能自拔。在经历过几番周折后，男子终于明白了她的意思，两人走到了一起。第三类，历经风雨。小说中的男女双方都不曾喜欢对方，甚至两人还有不共戴天之仇，但是，在相处的过程中，对方的品性和人格深深地打动了自己，并且自己已经离不开对方了。最后，有情人终成眷属。

　　杨绛与钱钟书的相识就像是一部小说。杨绛对于爱的理解更偏向于上述的第三类，觉得两个人要有共同的经历，在漫长的岁月中才经得起回味和考验，这也是爱的基础。她不觉得"速成"的爱情能够天长地久，但是她自己的爱情就是"速成"的，却比海枯石烂更为长久。在见到钱钟书的那一刹那，她就知道自己这一世非他不嫁，而钱钟书也一定觉得这一世非她不娶。在这段爱情故事里，没有作者，也就是说，他们是不受任何人控制的，他们对对方的感情完全是发自内心的真实想法，至于为什么，谁也不知道，或许连他们自己也不知，或许真是冥冥之中注定的缘分。

钱钟书性格耿直，刚正不阿，有如磐石之刚硬；杨绛则含蓄细腻，温婉如水，有如芦苇之坚韧。《孔雀东南飞》有言：君当作磐石，妾当作蒲苇，蒲苇纫如丝，磐石无转移。世间伟大的爱情，往往如此。

杨绛的一生可以说是颇不平静，数十载光阴里，她经历了几次大起大落，但是多少番风雨过后，她依然能够笑颜如花。归根结底，有两方面的原因。一是杨绛的心境非同寻常。在她眼里，金钱、权力、名誉等外界因素都不足以让她动心，也不可能成为她不顾一切为之奋斗的目标。所以，当获得这些东西的时候，她不会以此为荣，也不会因此而放松对自己的要求和对学术的探索；当这些物质失去之时，她并没有表现出多少失望。二是，在任何困难面前总有钱钟书与她携手相伴。这是她所有力量的源泉。

杨绛的晚年是平静的。在三里河寓所里，他们过着与世无争的生活，终日在知识的海洋里遨游，闲暇时放下书本，促膝长谈。杨绛是懂钱钟书的，钱钟书也是懂杨绛的，他们在思想上高度统一，这让他们更能理解彼此，也更深爱彼此。

然而，人终究会有老去的一天。任何一个人都抵挡不了这个宿命，杨绛心里是清楚的。她心目中曾经坚如磐石的钱钟书已然不复当年，他成了"红木家具"：

年纪大了，别看咱们外表挺结实，其实是红木家具。你知道红木家具吗？那是一种用胶水粘起来的家具，摆在那里挺好看的，就是不能搬动。

1990年，钱钟书的代表作《围城》被拍成了电视剧，由黄蜀芹执导，陈道明、英达、吕丽萍、李媛媛、史兰芽、葛优等人主演。这部电视剧遵照原著，将小说中的人物淋漓尽致地在银幕上还原了。因此，这部电视剧也堪称中国当代电视剧的经典之作。

随着电视剧的播出，钱钟书的名字也出现在大家的眼中。原本门可罗雀的三里河寓所一时间宾客络绎不绝。大家不远千里从全国各地赶来就是为了与钱钟书见上一面。钱钟书好静，这样的局面他并不习惯，再者，也浪费时间。所以，杨绛就代为谢客。他只回复一些信件，作为对读者朋友的答谢。

钱钟书曾作《代拟无题七首》，意为由杨绛代拟。其六曰：

愁喉欲斫仍无着，春脚忘疲又却回。

流水东西思不已，逝波昼夜老相催。

梦魂长逐漫漫絮，身骨终挤寸寸灰。

底事司勋甘刻意，此心忍死最堪哀。

其七曰：

少年绮习欲都刊，聊作空花撩眼看。

魂即真销能几剩，血难久热故应寒。

独醒徒负甘同梦，长恨还缘觅短欢。

此日茶烟禅榻畔，将心不必乞人安。

这两首诗都写出了对韶光易老的感叹。此时此刻，杨绛和钱钟书都已年过八旬，回首过往，他们感慨万千。杨绛说：

人世间不会有小说或童话故事那样的结局："从此，他们永远快快活活地一起过日子。"

人间没有单纯的快乐。快乐总夹带着烦恼和忧虑。

人间也没有永远。我们一生坎坷，暮年才有了一个可以安顿的居处。但老病相催，我们在人生道路上已走到尽头了。

时光是把双刃剑，它让人的心智变得成熟的同时，也在蚕食着人的身体。这就好比解一道负相关的数学题，当一个量在上升时，另一个量就随之减少了，因为每一个人其总量都是恒定的。年少的时候，虽然对世间的很多事充满未知，但也因为这种未知而有无限的可能性；中年的时候，有自己的立身之本，遇事而不惑，但也因此而丧失了某种激情；暮年的时候，回顾往事，人生可谓是丰富多彩，然而，时间却不允许一个人长期在世间驻足。因此，人生的每一个阶段都是精彩的，但也时常充满着遗憾。

1993年，钱钟书突发疾病，在医院做了一次大型手术，除去了一个肾脏。在钱钟书手术的这段时间里，杨绛一直守在手术室门口，不曾离开一步。钱钟书在医院住了两个月，杨绛对他的照顾可以说是无微不至。空闲的时候，她将父亲杨荫杭的作品整理成《老圃遗文辑》一书，并且制作了父亲的生平年表。

此时此刻，杨绛已是一位年过八旬的老者了。她的身体已然无法承受如此巨大的精神压力和工作压力，终于，在钱钟书出院的时候，她自己却病倒了。经过检查，发现自己得了冠心病。

其实，早在1973年年底，杨绛的身体就已经出现了异样。那时，杨绛和钱钟书刚刚搬进北师大宿舍。杨绛忽然流鼻血了，她连忙用手绢捂住，但很快，手绢就被染红了。她为了不让钱钟书和钱瑗担心，谎称要去洗手间，结果只是简单地处理了一下。

即便疾病缠身，也无法阻止杨绛对工作的热忱，她手中的笔从未放下过。她帮钱钟书整理《槐聚诗存》，并且一字一字用笔抄录下来。手稿由钱钟书校对后交由三联书店出版。这本诗集是钱钟书闲暇时所作的，正如日记，是不便给别人看的，除了杨绛和钱瑗，没人知道这本诗集的存在。杨绛曾偶然间在文章中提到过这本诗集，出版社的编辑也是看了杨绛的文章后才知道的。钱钟书一直没答应出版这本诗集，编辑只好求了杨绛，央求她去说服钱钟书。钱钟书最终还是听了杨绛的建议，才没让这本诗集埋没。

待到《槐聚诗存》出版后，杨绛才发现书稿中竟有错字，还不止一处。以往，但凡杨绛写错了字，钱钟书总会发现，他的眼神犹如一把锋利的匕首，任何一个错字都逃不过他那双锃亮的眼睛。然而，这一次，他和杨绛都让这几个错字在他们的眼皮子底下逃脱了。杨绛不由得感叹：我二人皆老且病矣。

钱钟书用短短八个字来评价杨绛：最贤的妻，最才的女。这几个字看似平常，当中却隐含着丈夫对妻子无尽的爱意。这份爱意是朴素的、是纯粹的。也唯有这样朴素、纯粹的爱情才能凝练出这句话来，一直被后人传颂。

　　然而，意外往往发生在最欢乐的时刻，不然人们也不会觉得欢乐的时光怎么如此短暂。1994年的夏天，钱钟书突然高烧，被送进了医院。杨绛并不奢望能够与钱钟书天长地久，她知道这是不切实际的，但她还是希望能够有足够的时间好好陪伴自己心爱的人。虽然俩人携手走过数十载，但是时运不济，在大多数时间里，他们都没能静下心来好好为对方做点事情。老年是一段特殊的时期，经过了一辈子的耕耘，现在应该是享清福的时候了，可这种清福却因为一场疾病而烟消云散。

　　钱钟书确诊得了癌症。在手术过程中，肾功能出现急性衰竭，在医生的全力抢救下，钱钟书终于睁开了双眼。于杨绛而言这是最幸运的事。

　　手术后，钱钟书的身体大不如前，而且不能正常饮食了，只能通过鼻饲。一般来说，鼻饲的材料医院会准备的，但是由于病人众多，很难照顾到每一个病人。杨绛得知此事后，毅然决定自己制作。她每天都去菜市场上买新鲜的蔬菜和肉，炖各种补汤，精心准备。医院和家庭成了她生活中最为重要的两个点。医生和护士都劝她，怕她累着，但她坚决不同意换人，一定要亲力亲为。在她的心里，钱钟书是她生命中最为重要的人之一。杨绛说："钟书在哪儿，哪儿就是我的家。"自此，她就把家安在了医院里。

　　女儿的病情杨绛一直瞒着钱钟书，甚至是女儿过世的事情，她也瞒着。她担心钱钟书得知此事后会对他的病情产生严重的影响。1997年7月1日，香港回归，钱钟书突然有了兴致，他打开电视机观看香港回归的新闻。而此时，女儿钱瑗已经离世将近四个月了。他最终还是得知了女儿离世的消息，果不出所料，他的病情急速恶化。

来年的11月21日是钱钟书88岁的生日，也是他在人世间过的最后一个生日。当天，社科院的领导特意赶到医院为他祝寿，也消除了一些谣言。在此之前，总有人在问"钱钟书先生是否已经过世了"之类的问题。如今，谣言不攻自破了。

杨绛回想起数十年前父亲在世时的场景，他在上海也一样面对如此情境。一个曾经"叱咤风云"的人，当他逐渐淡出人们的视野时，人们总会有诸多猜想，以至于传出各种谣言来。面对这些谣言，杨绛如同她的父亲一样，不予理会。

此后的十数天里，钱钟书的病情还算稳定，但是后来就每况愈下了。终于，在12月19日的上午，他安静地闭上了双眼。

按照钱钟书生前的愿望，他不希望自己的葬礼太过铺张。钱钟书在中国文化界的地位颇高，他的骤然离世让很多人为之动容，杨绛还是决定遵照他的遗嘱，不举行追悼会和送行会，也谢绝了社会各界人士送来的花篮和花圈，只邀请了少数几个亲朋好友为之送行，火化后亦不留骨灰。

钱钟书的遗体仅在医院的告别室停留了短暂的时间，以便他生前的好友和同事作最后的道别。整个告别室里没有音乐和鲜花，也没有任何挽联，有的只是无尽的惋惜。杨绛在钱钟书的遗体旁摆了一个亲手制作的花篮，里面插着紫色的勿忘我和白玫瑰。勿忘我代表永恒的爱、不变的心和永远的回忆，白玫瑰代表纯洁、浪漫的爱情，这两种花寄予了杨绛对钱钟书无尽的爱意。

浪漫这个词似乎与杨绛和钱钟书相距甚远。他们的一生充满了波澜，自1938年从巴黎归国后，他们的生活似乎就脱离了浪漫的轨迹。不得不承认，杨绛和钱钟书的相识相知是浪漫的，他们一起在牛津的生活是浪漫的，两人一起躲在图书馆的某个角落里看书，在陌生的街道亦或是乡野小道上"探险"，每一个灯火阑珊的夜里他们一起探讨文学、哲学和未来的生活。可后来呢？他们似乎陷入了无尽的深渊里。这就是人生，当到达巅峰的时候，总会有下落的过程，甚至会跌到谷底。然而，面对无尽的挫折，杨绛和钱钟书并没有退却，他们依然能够坦然面对，名利的得与失，他们从不计较。这样的心境令人敬佩。从某种意义上说，这也是一种浪漫。两人的精神境界能够高度一致，即便身处困境仍然可以互相倾诉、互相支持，从不互相埋怨。这难道还不浪漫吗？

杨绛曾这样写道：

我摸摸他额上温度正常，就用他自己的手绢为他拭去眼泪，一面在他耳边轻唤"钟书，钟书"。阿圆乖乖地挨着我。他立即睁开眼，眼睛睁得好大。没了眼镜，可以看到他的眼皮双得很美，只是面容显得十分憔悴。

杨绛的文字中充满了温馨。时光飞逝，钱钟书早已不再是那个英姿飒爽、让人一见倾心的翩翩少年了，杨绛自己也不再是那个妙龄少女了，一条条皱纹不知从何时起已经深深地镶嵌在他们的眼角上，而且越来越深，越来越多。他们都不再年轻，容貌也不复当年了。可即便如此，杨绛依然能欣赏钱钟书的美。这样的人，一定拥有过一段浪漫的爱情。

钱钟书生前留给杨绛的最后一句话是："好好活！"此时，他已得知女儿离世的消息，他深知自己将不久于人世，他最放心不下的就是杨绛。他知道她终究要独自面对剩下的人生，这将是孤独的日子，他希望她可以平稳度过。这简简单单的三个字，与其说是钱钟书对杨绛最后的寄语，不如说是以一种命令式的口吻告诉她必须好好活着。这也是他最后的心愿。

杨绛什么都打算好了，甚至是最亲的人的身后事。家人的离世对活着的人来说是最痛苦的一件事情。杨绛坚持要简化钱钟书的葬礼，有少许人不解，作为文学界的泰斗人物，他的葬礼理应是相当隆重的，场面也应该十分庞大，以突显身份。而杨绛只是淡淡地说："钟书走了，他只有这么一点点遗愿，希望大家能够体谅，能够予以满足。"

时至今日，我们永远也无法想象杨绛当时的心情。一个被视为可以托付终身的、在思想上与自己高度统一的，并且在一起生活了半个世纪的男人，和一个被视为自己的杰作的女儿都已离开人世，人生最痛苦的事情莫过于如此了。多数人在遇到致命的打击时总是会选择顺从，因为在这个时候才会意识到自己的渺小，才会意识到世间有很多事情是自己无论花费多少精力也不可挽回的。可最后，杨绛并没有向命运屈服，这些苦难和挫折并没有将她击溃。在面对如此巨大的打击时，她依然能够保持清醒的头脑，依然能够认清自己肩上的责任，从来没有产生过自暴自弃的想法。这就是心境。

离别了钱瑗和钱钟书后，原本被视为"心灵港湾"的三里河寓所一下子成了"旅途上的客栈"。也许人生注定是离别的，子女长大了要离开父母的怀抱，成家立业；每一个亲人都有离我们而去的一天。生命的尽头是什么？或者说，旅途的尽头是什么？杨绛一直在寻找：

我清醒地看到以前当作"我们家"的寓所，只是旅途上的客栈而已。家在哪里，我还在寻觅归途。

生命边缘

（一）

人生犹如一壶茶，初次浸泡时会觉得苦涩，随着浸泡的次数增加，苦涩随之褪去，取而代之的是一股清香。这也是人生中最美妙的时刻。多数人会与杨绛一样，在花样的年纪里，于茫茫人海之中找到自己的人生伴侣。渐渐地，茶的香味消散于品茶人的味蕾中，却留下了最深刻的记忆。最后，香味消散殆尽，颜色也逐渐变清，宛若一壶清水，但是品过这壶茶的人知道，即便平淡如清水也有它独特的回味。

回忆是一份宝贵的财富。世界上很多事情都会改变，最亲的人也会有离别的一天，难得相聚的朋友也会在大家聊得最起劲的时候起身离席。这是事物发展的规律，个体一旦形成，个体与个体之间联系的纽带就会被瞬间斩断，多数人只会渐行渐远，即便在漫长的岁月里有很长一段时间是同行的，但时间的尽头也不尽相同。这是必然的，也是无可挽回的。然而，人类有应对这种规律的法宝。在漫长的旅途中，人们将沿途遇到的点点滴滴化作记忆存放在心里的最深处，待到与结伴的人分道扬镳时，这些回忆将成为这个人继续前行的动力。

回忆的珍贵之处在于它一定是自己亲身参与的。无论欢乐还是悲伤，感动亦或是愤怒，这是自己切实感受到的。钱钟书过世后，这份长达半个世纪的回忆将陪伴着杨绛继续自己未完成的人生旅途。

于年轻人而言，生活在回忆里似乎是一件痛苦的事情，也不是一件乐观的事情。如果生活仅剩下回忆，那必然是索然无味的，那就意味着，你永远生活在过去，对未来失去了希望。杨绛的作品几乎是写实的，是非虚构的，即便是小说，其历史背景也是真实的。所以，有人觉得，杨绛已然陷入了过去的生活当中。可于杨绛而言，回忆是她生活中的一部分，是力量的源泉。前方在她的眼中是明确的，她知道自己身上肩负的责任，钱钟书生前对她最后的嘱托她一直牢记于心。与回忆同行，她的人生不那么孤单。

有人登门拜访杨绛，本想宽慰她的，可看到她独自一人坐在沙发上的时候，来人忍不住哭了起来。杨绛反过来安慰来人：

我都挺过来了，你还这样哀伤？你不懂呀，如果我走在女儿和钟书前面，你想想，钱瑗、钟书受得了吗？所以，这并不是坏事，你往深处想想，让痛苦的担子由我来挑，这难道不是一件好事吗？

后来，杨绛就甚少出门了。她只想安静地做一个普通人，安静地写字，安静地看书。世界上很少有人一辈子坚持做一件事情，数十年如一日地写作已然让她成为一个不平常的人，更别说她的成就了。

钱钟书过世后，杨绛每天的主要工作就是整理钱钟书留下的笔记，并且装订成《钱钟书手稿集》。钱钟书的笔记多达七万页，其中包含了大量的手记和读书心得。杨绛觉得：

这大量的中、外文笔记和读书心得，钟书都"没用了"。但是他一生孜孜矻矻积累的知识，对于研究他学问和研究中外文化的人，总该是一份有用的遗产。我应当尽我所能，为有志读书求知者，把钟书留下的笔记和日札妥为保存。

钱钟书的手稿是他每日读书、做学问时的笔记，轻易不示人。这份笔记曾跟着杨绛和钱钟书漂洋过海，从牛津、巴黎回到祖国，又从苏州带到上海，再从上海转至北京。"文革"时，它被偷偷藏起来，生怕被人找到然后销毁。这份笔记，世间仅此一份，里面凝聚了钱钟书的毕生所学。

早年间，有出版社的编辑来电询问，希望可以出版他的笔记，但是钱钟书毅然拒绝了，正如他的那本《槐聚诗存》，杨绛也是做了几番思量后才决定出版钱钟书的笔记。尽管没有得到他的许可，但她觉得如果这份笔记就这样被埋没了，实在可惜，也是一种损失。所以，她替钱钟书做了决定。她既然有能力说服钱钟书出版《槐聚诗存》，也一样有能力说服他出版手稿。这点把握她还是有的，因为她是他的妻子。

整理手稿的难度非常之大。有些稿件字迹模糊不清，有些稿件出现破损、缺页，中文中还夹杂着几种外文，这给杨绛的整理工作带来了前所未有的挑战。然而，杨绛乐此不疲，她从不觉得辛劳。在她看来，出版这份手稿的意义非常之重大。这不仅仅因为它是钱钟书的遗物，更重要的是，这里面凝聚了钱钟书的智慧和汗水，是一份宝藏。作为钱钟书的妻子，整理他遗留的手稿并且将之出版是她的义务和责任。

《钱钟书手稿集》最终由商务印书馆陆续出版，杨绛亲自作序。

即便整理手稿的工作非常烦琐和乏累，杨绛仍旧没有放下自己的翻译工作。这一年，她完成了《斐多》的翻译，也创作了《从"掺沙子"到流亡》。

写作于杨绛而言是一件非常幸福的事情，虽然写的内容会涉及一些陈年旧事，偶尔也会勾起某些埋藏在内心深处的回忆，但是这是静的。这份宁静不仅仅因为写作这件事本身需要宁静，更重要的是，它让创作者的心绪变得宁静。

从某种意义上来说，宁静即是一种朴素。看杨绛的作品，她极少用一些华丽的辞藻，对话中词句甚至是不加修饰的，但这些朴素的文字却深深地打动着每一位读者。如果说华丽的美让人震撼，那朴素的美更让人感动。世间珍宝往往不在其表。用朴素的外表来衬托柔美的内心是一种境界，那就意味着，外在的美与丑、荣与辱于杨绛而言都是那么云淡风轻，她真正追求的是内心的平静。

想要写出朴素的文章，首先人要朴素。如果一个人本身就心浮气躁，那么写出来的文章必定是急于求成的，词句方面必然欠斟酌，最终难有所成。朴素是由内而外的，一个人只有拥有一颗朴素的心，才能用心去感知周围的一切，一花一木、一草一叶、一动一静……所有生机勃勃的力量，所有虚无缥缈的情感，全在你的一念之间。这与王阳明的观点是不谋而合的。一个人的内在是本质，外在是表现形式，而表现形式只是本质的反应。正所谓"相由心生"，就是这个道理。

显然，杨绛做到了这一点，而且这一品质似乎是她与生俱来的，她从来没有刻意去追求。

（二）

2001年，杨绛做了一个重大决定：将自己和钱钟书的所有稿酬（包括后续出版的所有稿酬）捐赠给清华大学，设立"好读书"奖学金。早在1998年，女儿钱瑗过世后，杨绛便将她留下的六万元存款作为钱瑗基金，捐赠给北京师范大学外语系。

对杨绛来说，教育是重中之重，她感恩学校传授给自己知识，也感恩老师教会她如何做人。这也是杨绛设立"好读书"奖学金的目的，她希望教育能够普及到更多人，让更多人有机会接受更好的教育。她自己也做过一段时间的教师，在她看来，教师不仅仅是传道授业，从某种意义上来说，教师是一个载体，是知识的载体，也是情感的载体。

9月7日，素日不易出门的杨绛出席了清华大学"好读书"奖学金的捐赠仪式。此时，杨绛已是一位九旬老人了，但她依然神态自若、气色安详。她思路之清晰全然不像是一位深居简出的老者，在精神世界里，她更像是一位朝气蓬勃的青年。

当主持人把话筒递给杨绛时，她坚持要站起来发言，用她自己的话说就是："我个子小，要站起来说"。其实，个子的高矮已然不能成为评价一个人高度的标准。杨绛的此番举动实则另有深意。杨绛说：

这次是我一个人代表三个人说话，代表我自己、已经去世的钱钟书和女儿钱瑗。

她说：

我只说三句话：在1995年钱钟书病重时，我们一家三口共同商定用全部稿费及版税在清华设立一个奖学金，名字就叫"好读书"，而不用个人名字。奖学金的宗旨是扶助贫困学生，让那些好读书且能好好读书的贫寒子弟，能够顺利完成学业；期望得奖学金的学生，永记"自强不息、厚德载物"的清华校训，起于自强不息，止于厚德载物，一生努力实践之。

设立奖学金是杨绛一家三口共同的心愿，而这一心愿最终由杨绛和清华来完成，对此，她甚是欣慰。有人问她，为什么要把奖学金设立在清华大学，而不是其他学校呢？杨绛一生在很多地方求过学，有国内的，有国外的，有名校，也有看似名不见经传的学校。她对自己就读过的每一所学校都印象很深，即便是只读过一段时间的大王庙小学她仍旧记忆犹新。振华女校对她的影响很深，这不仅仅是因为她在这里学习到了知识，更多的是，她从王季玉校长身上学到了诲人不倦的品格，这在她今后的教师生涯中发挥了极大的作用。当然，振华女校的校名也非常振奋人心：振华振华，振我中华。但是，为什么杨绛最终还是选择清华呢？因为在众多学校里面，她最爱清华，不仅她爱，她的两位家人也爱。清华是杨绛心仪的学府，是梦想开始的地方，是结识钱钟书的地方，是他们甘愿为之奉献一生的地方。清华留给杨绛太多美好的回忆，这一切都深深地印刻在一位九旬老人的内心深处。

2003年7月，杨绛的长篇散文《我们仨》由三联书店出版。《我们仨》是杨绛在92岁高龄时创作的。全书分为三个部分：第一部分只有短短几百字，描绘了一个梦境；第二部分描绘的是一个长梦；第三部分最长，作者用大量的篇幅回忆了一家三口的幸福生活。

杨绛将一家三口生活的点点滴滴都写进了这部书里。这部书看似朴实无华，字里行间流露出的情感却极为真切，似乎每一个字都包含着杨绛对丈夫和女儿无尽的爱。这又是一部回忆散文。在这份回忆中，杨绛重温了三口之家幸福美满的生活，也在其中找到了继续前行的动力。家是什么？杨绛一直在思考。年少的时候，与父母一起即是一个家，无论是在北京还是在苏州；中年的时候，与丈夫和女儿在一起即是一个家，他们周末回来即是阖家团圆；晚年的时候，钱钟书在哪里家就在哪里，冰冷的病房瞬间被温情融化。

很少有人能够像杨绛一样，在年过九旬的年纪里还能保持思考。峥嵘岁月已然远去，回首过往，人世间的恩怨情仇宛若一场梦。梦是心之所向，更是内心最真实的写照。杨绛在描绘这场梦时，对所有不愉快的事情只是作了简单勾勒，将重心放在三个人的生活上。任何事情既已发生，那它就是切实存在的，无论是美好的还是不堪回首的，它终究是不可磨灭的。然而，我们虽然不能忽略它，但可以稀释自己对它的厌恶，将怨恨降至最低，将快乐提至最高。

在杨绛看来，自己是幸运的，钱钟书是幸运的，钱瑗是幸运的：自己有幸能够亲自料理丈夫和女儿的身后事，有幸能够帮助他们实现自己生前没能实现的愿望，而他们的幸运在于有杨绛来代他们继续走完未完成的旅程。这一切，必定是要由一位女性来完成的。杨绛的内心是充满阳光的，而她的内心活动全部反映在她的作品中。这也是为何杨绛的作品里永远充满了感动，多过感伤。

关于作品的销售问题，她没有太多关注，她也不想关注。在她看来，对于一个作者来说，更应该注意的是作品本身而不是作品的营销。作为作品的创作者，只要写好文章就行了，至于其他的事情，那是编辑和出版社该操心的事了。她觉得自己有如一滴清水，最起码不是一滴肥皂水，所以不能吹泡泡，也吹不了泡泡。当举办关于《我们仨》的读书活动时，杨绛一如往昔地缺席，举办《杨绛文集》的研讨会时，她也缺席。她并不是故作清高，而是觉得没有必要，也不想参与。

　　写作是一个艺术创作过程，如同一个工匠，在经过无数个夜晚的悉心打磨后，终于将一块名不见经传的木头雕刻成一件传世之作。这就是匠人精神。他把所有的精力都放在了精雕细琢上，以至于没有任何心思去关注作品本身以外的事情。每个人的生活都离不开金钱，这是事实，也是现实。但对于一个工匠来说，他并不会刻意地去追求物质上的享受，不会想着如何从自己的作品中获得更高的经济收益。也正因为如此，他的心思变得更加单纯。杨绛就是这样一位工匠。

　　杨绛的很多作品，包括钱钟书的一些作品，都是经由三联书店出版的。当他们还在上海的时候，他们从来不会落下每一期的《生活周报》，附近的生活书店也就成了她经常驻足的地方。一次，杨绛将自己的围巾落在了生活书店。她回家后，接到了书店店员的电话。电话里说，她的围巾被傅雷取走了，特意告知一声，以免担心。其实傅雷取走杨绛的围巾另有深意：这样一来，杨绛和钱钟书就得去傅雷家中取围巾，他们又有由头可以进行一次促膝长谈。后来，生活书店与读书出版社和新知书店合并，成立了三联书店。所以，在杨绛看来，三联书店不仅充满了古色古香的书香味，其中也充满了人情味。

　　生老病死是一个必然的过程，死亡是一个理所当然的结果，是生命的尽头，用悲观者的话说，人一出生就是走在死亡的路上。然而，死亡并不是生命的终极。人生的意义不能用物质来衡量，更不能用时间来衡量。走在人生的边缘，杨绛仍旧在思考生命的意义。

百岁感言

在这物欲横流的人世间，人生一世实在是够苦。你有心做一个与世无争的老实人吧，人家就利用你欺辱你。你稍有才德品貌，人家就嫉妒你排挤你。你大度退让，人家就侵犯你损害你。你要不与人争，就得与世无求，同时还要维持实力准备斗争。你要和别人和平相处，就先得和他们周旋，还得准备随时吃亏。

杨绛的一生充满坎坷，极不平静，即便她与世无求，偶尔也会蒙受损伤。当然，她说的"斗争"和"周旋"是从集体利益出发的，是"大非"的，面对这样的事件时，她会选择"斗争"和"周旋"，而多数时候，她更愿意化干戈为玉帛，不想双方因此而结仇。这也是她的性格使然。

2005年是杨绛翻译的《堂吉诃德》出版的第27年，大家对这本发行量最大的《堂吉诃德》译本一直存在争议，而这一年达到了顶峰。有人认为，杨绛翻译的《堂吉诃德》过分注重文采、追求语言流畅，使得译本与原文对应不上，相较之下，竟然少了十几万字。所以，他们觉得，杨绛的译本夹杂着自身的主观因素，未能真正传达作者的原意，是破坏翻译原则的。自然而然地，她的译本也就成了反面教材。

这个问题已然上升到了学术态度问题，大家对此众说纷纭，只是杨绛一直没有发言表态。有人为杨绛鸣不平，杨绛却云淡风轻地说了句："对那种批评，我一点不生气，不想去理它，随他怎么说。"

这是一种什么样的态度？是对外界评论的不屑还是对译作的不关心？都不是。相反，杨绛是相信自己的，她相信自己的付出，相信自己的学术素养，相信自己对文学的热爱，相信自己能够全心全意地投入到翻译工作当中。当然，她也曾谦虚地说："我是一个很虚心的译者，对自己的译文一改再改，总觉得不好。"这是真话。

在面对他人的批评和指责时，杨绛非常镇定，她并没表现出太多的不安，反而觉得这是一件十分平常的事。

工作和理想是她的全部，但也不是她的全部，因为这些构成不了一个完整的杨绛。在她的生命中，情感是不可或缺的因素。这份情感来源于钱钟书，来源于钱瑗，也来源于与她相关的所有人和事。

2010年的秋天，钱钟书的百岁寿诞即将来临。面对明月，杨绛有感而发，先后写下两首诗：

中秋

忽见窗前月玲珑，秋风竦竦吹病松。

心胸郁结人知否，怀抱凄清谁与共。

离合悲欢世间事，阴晴圆缺凭天公。

我今无意酬佳节，但觉凄凄秋意浓。

忆钟书

与君结发为夫妻，坎坷劳生相提携。

何意匆匆暂相聚，岂已缘尽永离别。

为问何时再相见，有谁能识此天机。

家中独我一人矣，形影相吊心悲凄。

自钱钟书离世已有十数年之久了，杨绛仍旧无法忘怀。在中秋佳节之际，内心的孤寂油然而生，杨绛借着诗向远在天国的钱钟书传达思念之情。

按照老家的习俗，杨绛在当年的7月17日就已经过了百岁寿诞了。以九十九当作百岁，寓意长长久久。有人问她：百岁寿诞想怎么过？她只是回答说，各自在家里吃碗长寿面即可。

来年的7月17日是杨绛真正的百岁诞辰，似乎所有人都在期盼着这一天的到来，而且为这一天准备了很久很久。然而，一生淡泊的杨绛还是选择以一种平静的方式给自己过一个普通的生日。当天，无数的电话从世界的各个角落打来，无数的鲜花和贺卡被送到北京三河里寓所。保姆只是淡淡地说：先生太累了，让她好好休息吧。

常语有云：人至七十古来稀。即便在科技如此发达的今天，能够活过一百岁的人也是少之又少。当然，活过一百岁显然不是杨绛的终极目标。但是，人为什么能活过一百岁呢？主要在于这个人的心境、信念。豁达的心境总能让一个人在逆境中保持乐观的心态，冷静思考问题和分析形势，早日从困境中抽身而出，这远比终日自怨自艾来得有用。而这也反映在一个人的阅历中，一个人的面相中。

杨绛是一个传奇，她的传奇之处不仅在于她能够活过一百岁，而是在于她在百岁的年纪仍能保持一颗赤子之心，仍然有自己的人生目标。时光会冲淡一个人的激情，会改变一个人的处事态度，但是很难让一个有毅力的人放弃追逐自己的目标。

三年之后，杨绛的另一部著作《洗澡之后》问世了。这是她在98岁高龄的时候动笔的，时隔五年，在103岁高龄的时候出版。

她在人世间生活了百年之久，看尽了繁华与凄凉，经历过喜悦与辛酸，回首过往，昔日的种种有如过眼云烟。对于人生，她说：

一个人经过不同程度的锻炼，就获得不同程度的修养，不同程度的效益。好比香料，捣得愈碎，磨得愈细，香得愈浓烈。

对于爱情，她说：

男女结合最最重要的是感情，理解深才能互相欣赏、吸引、支持和鼓励，两情相悦。门当户对及其他，并不重要。

晚年的杨绛深居简出，生活朴素，宛若一位世外仙人，令她最开心的莫过于收到钱钟书的《外文笔记》影印版。她累了，她早就想逃走了，但她又不得不留在这里，完成自己最后的责任。

2016年5月25日，她终于不愿与病魔作战了，她太累了，她想回家了。

后 记

无 题

朱 幽

玉宇金楼誓不屈，
江枫渔火难为郁。
不与君王谋政事，
只愿篱脚闲采菊。